차별 없는 세상이 너무 멀어

다정한 하루 **2**_차별

차별 없는 세상이 너무 멀어

글 오찬호 ★ 그림 김선배

다정한시민

차례

프롤로그 6

⭐ 1 무심코 쓰는 차별의 말, 짱깨
조선족은 누구인가? 12
무슨 일이 생길 때마다 다 한국인 탓이라고 한다면? 15
한국인은 중국이 싫고, 중국인은 한국이 싫고 19
• 말투 흉내, 하지 마세요 25

⭐ 2 부모님이 한국 사람인지는 왜 물을까?
얼굴만 보고 어느 나라 사람인지 맞힐 수 있을까? 28
조국과 민족은 왜 삭제되었을까? 32
한국에 왔으니, 한국인처럼 행동해야 하는 걸까? 36
• 다양성의 힘을 믿으세요 41

⭐ 3 이슬람교를 믿는 평범한 사람들
세계 인구의 4분의 1이 무슬림 44
테러는 극단주의자들의 짓이에요 48
차별과 싸우는 무슬림들 52
• 신앙생활을 존중하세요 57

⭐ 4 손 들었으니, 제발 쏘지 마!
누군가는 반창고를 붙이며 울컥해 60
차별이 줄었다는 게, 차별이 사라졌다는 것이 아니야 63
백인만 지원 가능한 직업이 있을까? 68
• 표현의 자유는 '무슨 말도 해도 되는' 자유가 아니에요 73

⭐ 한국 사회에 꼭 필요한 일을 하는 사람들
3D 업종이 아니라 4D 업종 76
이주 노동자를 일회용품처럼 80
그들은 왜 미등록 노동자가 되었을까? 86
● 한국의 문화를 강요하지 마세요 89

⭐ 목숨 걸고 국경을 넘은 탈북민들
살아서도, 죽어서도 외로운 사람들 92
우리는 국가에 복종하고 순종하며 사나? 96
편견은 차별로 이어져요 100
● 그냥, 일상 이야기를 하세요 105

⭐ 저, 질문 있어요!
인종이 존재하지 않는다고요? 108
열심히 살면서 차별을 이겨 내야 하는 것 아닌가요? 112
무슬림은 한국 사람들과 어울리기 힘든 게 사실 아닌가요? 116
그거, 역차별 아닌가요? 120
모두가 평등한 세상은 어차피 불가능한 거 아닌가요? 124

프롤로그

세계에서 가장 우울한 나라, 그래서 차별과 혐오에 둔감한 사회

"세계에서 가장 우울한 나라." 미국의 유명한 작가이자 구독자 200만 명이 넘는 유튜브 채널을 운영하는 마크 맨슨이 한국을 방문 후 남긴 말이에요. 작가는 한국이 겉으로는 화려하지만, 그곳에서 살아가는 사람들은 엄청난 스트레스를 받고 있다고 해요. 성공에 대한 집착이 강한 만큼 실패에 대한 두려움도 크기에, 늘 불안하고 우울하다는 것이지요. 이를 접한 많은 한국인들이 '우리들의 슬픈 자화상을 들킨 것 같다.'라고 하면서 부끄러워했어요. 틀린 말이 아니기 때문이겠지요. 실제로 한국은 자살률, 노인 빈곤율 등 여러 좋지 않은 지표가 굉장히 높으니까요.

만약 한국이 '잘못되면 큰일 나는' 사회가 아니라면, 여러분은 지금처럼 학원을 많이 다니지는 않았을 거예요. 대한민국의 어린이들은 언제부터 영어 단어를 외웠는지 잘 몰라요. 아주 어릴 때부터 당연히 해야만 했기 때문이죠. 그만큼 경쟁이 치열하다는 것이죠. 물론, 이런 경쟁은 언제나 있었어요. 하지만 과거에는 중학생쯤 되어서 영어 단어 모르는 스스로를 자책했다면 지금은 유치원생이 그런다는 거죠. 더 어릴 때부터 불안해진다는 거예요. 불안하니, 뒤처지지 않기 위해 이것저것 해야 될 것이 많아지는 건데 한국 사회는 이게 끝나지가 않아요. 대학에 가도 취업을 위해 경쟁해야 하고, 입사를 해도 동료들과 경쟁해야 하죠. 그렇게 한국인들은 평생 다른 사람과 자신을 비교하면서 살고 있는 거죠.

  누구는 경쟁 덕택에 사람들이 열심히 사는 거라고 말하기도 해요. 틀린 말은 아니에요. 여러분도 목표를 위해 하루하루를 계획대로 실천할 때가 있을 거예요. 그러면 몸은 피곤해도 기분은 매우 좋죠. 뿌듯하기까지 하죠. 하지만 이 경쟁이 한국처럼 지나치면 큰 문제가 발생해요. 왜냐하면 경쟁이 지나치면, 경쟁에 필요한 것에만 관심을 가지기 때문이에요. 수학을 잘하는 것과 대학 진

학이 아무런 상관이 없다면, 영어를 잘하는 것과 취업이 별 관련이 없다면 세상의 어떤 부모도 '조기 교육'을 시키지 않을 거예요.

경쟁은 우리가 살면서 알아야 할 당연한 것들을 차단시켜요. 해야 될 것이 명확해지면, 하지 말아야 할 것도 명확해져요. 그래서 '인권 공부'는 우선순위에서 늘 밀려요. 알면 좋긴 하지만, 인권을 굳이 국영수 과목처럼 공부하면서 알 필요가 없다고 여기기 때문이에요. 인종에 대한 고정 관념을 깨는 것보다 영어 단어 하나 더 외우는 게 중요하고, 특정 종교에 대한 오해를 반성하는 것보다 수학 선행 학습을 하는 게 더 중요해지는 거죠. 인권도 공동체에 정말 중요한 것이니, 국영수처럼 관심을 가져야 한다고 말하면 이런 질문이 등장해요. "그게 시험에 나와?", "대학 가는 데 필요한 게 아니잖아.", "취업이 급한데 무슨 팔자 좋은 소리냐?" 등등요.

그래서 한국인들은 차별과 혐오에 둔감해졌어요. 차별을 하면서도 차별하는 줄 모르고 있어요. 혐오하지 말라고 하면 혐오할 이유가 다 있는 거라면서 오히려 화를 내죠. 그러니 당하는 사람들은 그저 참고, 겉으로는 웃으면서 살아갈 수밖에 없어요. 그래서 한국은 차별과 혐오가 존재해도 그게 잘 드러나지 않는 사회가 되었어요. 그러면 사람들의 고정 관념이 더 강해지겠죠? 이 책은 그 고정 관념에 관한 이야기예요. 그걸 깬다면, 많은 이들이 차별과 혐오에 더 예민해질 거예요. 그런 사람들이 모인 곳을 '좋은 사회'라고 해요. 이처럼 좋은 사회는 사람들이 함께 만들어 가는 것이에요.

무심코 쓰는 차별의 말, 짱깨

조선족은 누구인가?

동포는 같은 나라나 같은 민족의 사람을 뜻해요. 해외 동포는 한국이 아닌 곳에서 살고 있는 한국인을 말하며, 교포 또는 교민이라고도 해요. 재일 동포는 일본에 거주하는 한국인, 재미 동포는 미국에 사는 한국인인 것이죠. 아주 오래전에 이주를 해서 한국말이 서툴러도 다 같은 해외 동포예요.

그럼 중국에도 교민들이 있겠죠? 회사 일 때문에 살고 있는 사람들도 있고 유학을 간 학생들도 있을 거예요. 중국 곳곳에는 우리 동포가 많이 살아요. 그런데 분명 한국에 살다가 중국으로 건너간 어떤 사람들에 대해서는 동포라고도, 교민이라고도 하지 않아요. '조선족'이라고 해요.

조선족은 중국 영토에 거주하는 소수 민족이에요. 중국 정부가 공식적으로 인정하는 55개 소수 민족 중 하나예요. 그럼 조선족은 어쩌다가 중국으로 건너가서 살게 되었을까요? 예전에는 전쟁 포로가 되어 끌려가기도 했고, 먹고살기가 힘들어 무작정 한반도와 중국의 경계인 압록강을 건너기도 했어요. 그러다가 많은 이들이 한꺼번에 넘어간 시기가 있었어요. 바로 일제 강점기 때예요.

우리 땅을 강제 점령한 일본은 1931년, 중국의 영토를 침략하는데 이를 '만주 사변'이라고 해요. 현재 중국에서 만주 지역은 '동북 3성'이라고 표현하죠. '성'은 우리나라의 경기도, 강원도와 같은 행정 구역을 뜻해요. 중국 기준으로 동북쪽 세 개의 행정 구역이라는 거죠. 그곳을 침략하여 장악한 일본은 '만주국'이라는 나라를 만들었어요.

　이상하죠? 나라라는 건 원래 어떤 지역에 살던 사람들이 스스로 만드는 것이 대부분이니까요. 누가 미국을 만들어 주고, 누가 영국을 만들어 준다는 건 표현부터가 어색하죠. 그러니까 '만주국'이라는 건 만주 지역에 살았던 사람이 원했던 게 전혀 아니에요. 일본이 중국 전체 영토를 공격하기 위해서 중국 안에 자신들 맘대로 통치할 지역을 만든 것이에요. 이를 괴뢰 정부, 괴뢰국이라고 해요. 괴뢰는 '꼭두각시', '허수아비'라는 뜻이에요.

　일본은 자신들이 만든 나라에 우리나라 사람들을 끌고 갔어요. 일할 사람이 필요했거든요. 그래서 '만주로 가면 돈을 많이 벌 수 있다.'는 식의 거짓 광고를 해서 수십만 명의 사람들이 고향을 떠나게 했어요.

　그렇게 모인 사람들이 1945년 일본의 항복 선언으로 제2차 세계 대전이 끝나고 만주국이라는 명칭이 사라질 때에는 200만 명이 넘었어요. 이후에 북한이나 남한으로 돌아온 이들도 있지만 많은 이들이 중국 영토 안에서 중국 국적을 지닌 채 한국과 중국의 문화를 동시에 접하며 살게 되었죠. 결혼도 하고 출산도 하면서 말이죠. 이들 한국계 중국인을 중국은 조선족이라고 불렀던 것이지요. 현재 조선족 전체 인구는 170~180만 명이며 이중 중국에 거주하는 이들은 100~110만 명이에요.

조선족은 잘 살았을까요? 그렇지 않았어요. 중국에서는 중국 본래의 민족(한족)이 아니니까 소외될 수밖에 없었어요. 14억 명 중국 인구 중 소수 민족은 1억 2천만 명쯤 되는데, 모두가 비슷한 고충을 겪었어요. 그런데 조선족은 중국에서뿐만 아니라, 한국에서도 차별을 당하며 살고 있어요.

1980년대 후반부터 한국계 중국인들은 한국으로 넘어와서 일을 하면서 살 수 있게 되었고 지금 그 수는 60~70만 명 정도예요. 이방인으로 살던 중국을 떠나 본래의 고향으로 돌아온 것인데, 이들은 환영받지 못했어요. 중국 교민, 재중 동포라고 불리지도 못했어요. 조선족이라는 이유 하나로 차별당했어요. "저 사람 조선족이라며?"라는 말에는 단순히 출신 지역이 어딘지를 확인하는 게 아니라 사람을 무시하는 느낌이 강했어요. 중국 동포들은 한국인들이 기피하는 힘든 일을 했는데, 그래서 무시하는 사람들도 많았어요. 그 일들은 비록 힘들어도, 누군가는 반드시 해야지만 사회가 문제없이 돌아가는데도 말이죠.

무슨 일이 생길 때마다 다 한국인 탓이라고 한다면?

2023년 7월 21일 오후 2시, 서울의 지하철역 근처에서 누군가가 칼을 들고 전혀 모르는 다른 사람들을 마구 찔렀어요. 한 명이 사망하고 세 명이 부상당하는 어처구니없는 범죄였죠. 사건이 끔찍하니, 사람들은 도대체 누가 그런 짓을 했냐면서 안타까워했어요. 이때 인터넷에서는 '누가'가 아니라 '어디 출신의 사람'인지를 더 궁금해하는 사람들이 많았어요. '조선족이 저질렀을 거다.'라는 글들이 여기저기 등장했지요. 특히 해당 지하철역은 중국 동포가 많이 사는 동네 근처였기 때문에 사람들은 더 의심했어요. 마치 조선족이 범죄자이길 원하는 것 같을 정도였죠.

이후 경찰이 한국 국적의 남성이 범죄자임을 밝힌 다음에는 어떻게 되었을까요? 편견을 지녔던 이들이 반성해야 맞겠죠? 하지만 전혀 그러지 않았어요. 대부분이 '아니면 말고'라는 식이었어요. 심지어 '조선족이 흉악 범죄를 많이 저지르는 건 사실 아니냐?'라는 주장을 하는 경우도 있었죠.

이게 얼마나 황당한지는 다 아시죠? 학교 교실에서 도난 사건이 발생했는데, 범인으로 특정 동네나 아파트에 사는 사람부터 의심하는 것과 마찬가지예요. 만약 진짜 범인이 그 동네나 아파트에서 나오면 '그럴 줄 알았다.'고 반응하고 아니면 '그쪽에 사는 사람들이 이상한 건 사실이다.'라고 하는 식이니까요.

이처럼 '무슨 일만 터지면 다 조선족 탓'이라고 생각하는 한국인들이 많아요. 특히 2000년대 이후 중국 동포를 범죄자로 묘사하는 한국 영화가 많아지면서 이런 현상은 더욱더 심해졌어요. 코미디 프로그램에서는 우스꽝스럽게 중국 동포의 억양을 흉내 내는 경우도 많았어요. 한국에서 조선족은 혐오와 놀림의 대상이었던 거죠.

여러분이 '무슨 일만 터지면 다 한국인 탓'이라고 여기는 사람들이 많은 나라에서 살아야만 한다면, 그 기분은 어떨까요? 하루

하루가 엄청 무섭고 불안할 거예요. 작은 행동 하나에도 사람들은 수군수군할 테니, 매일 긴장하고 살아야 하겠죠. 그 덕에 나쁜 행동 안 하면 다행 아니냐고 하겠지만 그렇지 않아요. 사람은 잘못한 만큼만 벌을 받아야 해요. 그리고 같은 잘못을 했으면 같은 벌을 받아야 해요. 침을 뱉었으면, 침을 뱉은 만큼의 잘못이 있는 것이에요. 그리고 실수를 했다면, 누구나 실수로 인정받아야 해요. 만약 어떤 집단만이 '저건 실수가 아니라 고의일 거야.'라는 오해를 받는다면 참으로 이상한 일이에요.

   차별하지 말자고, 혐오해서는 안 된다고 말해도 끝까지 '조선족은 범죄를 더 많이 저지른다.'는 편견을 버리지 못하는 사람이 많아요. 하지만 중국 동포가 범죄를 더 저지른다는 건 사실이 아니에요. 한국에 거주하는 중국 동포가 다른 동포들에 비해 많기에 그렇게 보일 수는 있지만 인구수에 대비하면 평균 수준이에요. 중국 동포의 범죄를 보고 마치 모든 중국 동포가 범죄자인 것처럼 생각하는 건 잘못이라는 거지요. 이런 오해 때문에 한국에서 중국 동포는 이웃으로 인정받지 못하고 있어요. 한국 사람이 아닌 '남'으로 여기는 경우가 많아요. 그래서 한국에 온 중국 동포들은 중국에서 오히려 차별받지 않았다고 느낄 정도라고 해요.

중국 동포만이 아니라 중국인들도 한국에서 차별을 받곤 해요. 화교는 전 세계에 살고 있는 중국 사람을 뜻해요. 한국에도 많은 화교가 있고 유명인들도 많아요. 이들의 어린 시절 이야기를 들어 보면 주변에서 친구들이 '짱깨'라면서 많이 놀렸다고 해요. 중국에서 온 유학생들은 "너 짱깨냐?"라면서 시비 거는 사람을 만난다고도 해요.

짱깨라는 표현은 중국과 관련된 일에 곧잘 사용되었어요. 지금도 대표적인 중국 음식인 짜장면을 먹으면서 "짱깨 먹는다."라고 하거나 중국 식당을 '짱깨집'이라고 하는 사람이 있어요. 느낌이 어때요? 그저 중국을 가리키는 말일까요? 절대 아니에요. 짱깨라는 말은 그 자체로 중국인을 낮춰 부르는, 즉 비하하는 말이에요.

한국인은 중국이 싫고, 중국인은 한국이 싫고

짱깨라는 단어가 원래 있는 말인데, 무엇이 문제냐는 사람들도 있어요. 그러면 그래도 되는 것일까요? 짱깨는 '장궤'라는 말에서 나왔어요. 장궤는 금고를 뜻해요. 장사를 하는 사람 옆에는 늘 이런 장궤가 있었겠죠? 그래서 중국인들은 금고를 들고 다니는 가게 주인을 장궤라 부르곤 했어요. 우리말로 치면 '사장님' 정도가 되겠지요. 그렇게 서로를 호칭하는 걸 들은 한국인들이 짱깨라고 발음하면서 지금에 이르렀어요.

처음에는 짱깨라는 표현이 한국에 와서 장사하는 중국인 사장만을 가리켰지만, 이후에는 중국이나 중국 사람을 비꼬면서 사용되었어요. 그러니 '원래 있는 단어니 사용해도 상관없다.'는 건 말이 되질 않아요. 일본 사람이 한국 사람을 비하하면서 사용하는 '조센징'이라는 표현도 단순히 보면 조선인이라는 한자어의 일본 발음이에요. 그러니 사용해도 괜찮다고 하면 이걸 참을 한국 사람이 과연 있을까요?

누군가는 중국이 하는 짓이 미워서 어쩔 수 없다고도 해요. 한국인에게 중국에 대한 반감, 즉 '반중 정서'라든지 중국을 혐오하는 '혐중 정서'가 많은 건 사실이에요. 전에는 반일, 즉 일본에 대한 감정이 좋지 않았는데 최근에는 중국이 싫다고 하는 사람이 많아졌어요.

중국은 최근 20~30년 사이에 경제적으로 엄청나게 성장하면서 세계에서 수출을 가장 많이 하는 나라가 되었어요. 그래서 중국에서 특정 원료나 물품을 수출하지 않으면, 다른 나라에서는 난리가 나요. 2021년에는 경유차에 반드시 필요한 요소수 수출을 제한한 적이 있었어요. 우리나라에서는 요소수의 대부분을 중국에서 수입하고 있었기 때문에, 갑자기 가격이 폭등하고 돈이 있어도 살 수 없는 지경에 이르렀죠. 대부분의 화물차는 경유차이기 때문에 생계가 어려워진 사람들도 있었어요. 화물차가 제때 운행을 하지 못해서 물건 배달이 늦어지고 결국 모두가 피해를 보았죠.

이런 일들을 경험하면 중국에 대한 좋지 않은 감정이 생길 수 있어요. 그 외에도 미세 먼지가 중국에서 오기에, 중국의 정치 제도가 민주주의가 아니라서 등등의 이유가 언급되기도 해요. 중국이 우리나라 고유의 역사나 문화를 자신들로부터 시작되었다고 주장해서 싫어하기도 해요.

하지만 이런 이유로 우리네 삶 속에서 마주치는 중국인들을 차별하고 놀려선 안 돼요. 나라와 나라 사이에 문제가 있다 하더라도, 그게 사람과 사람 사이에 문제로 이어져서는 안 돼요. 일본이 독도는 한국 땅이 아니라고 계속 우기고 있지만 그렇다고 일본인 운동선수, 일본인 관광객, 일본인 연예인, 일본인 이웃을 향해 손가락질을 하면 안 되는 것과 마찬가지예요.

어느 나라에나 착한 사람도 있고 나쁜 사람도 있어요. 한국인들도 마찬가지예요. 어떤 나쁜 사례를 보고 '전부가 그럴 거다.'라고 짐작하는 건 좋지 않은 습관이에요. 어떤 나라 사람이든 문제가 되는 행동을 할 수 있는데, 편견을 지니고 있으면 '역시나 저 나라 사람들은 좋지 않다.'는 식으로 생각하게 돼요. 그래서 공공장소에서 미국 사람이 영어로 떠드는 것은 그저 '소란스럽다' 정도로 생각하면서 중국 사람이 중국어로 대화하는 건 중국인들은 예의가 없다고 여기게 되는 것이지요. 미국인의 잘못에는 '미국'이 따라붙지 않지만 중국인의 잘못에는 늘 '중국'이 함께 언급되는 것이죠.

이런 편견은 차별로 이어져요. 코로나 바이러스로 학교도 가지 않았던 2020년 초, 일부 한국의 식당이나 편의점 등에는 '중국인 출입 금지'라는 문구가 붙어 있었어요. 심지어 병원에서도 기피했어요. 당시 한국에 체류하는 중국인이 무려 100만 명이 넘었다는 것을 생각하면 말도 안 되는 조치였던 것이지요. 미국에 한국 사람이 200만 명이 넘게 사는데, 이와 비슷한 일이 생긴다고 상상해 보세요. 그게 차별이 아니면 무엇일까요? 다른 나라에 사는 사람이 겪는 어쩔 수 없는 일이라고 할 수 있을까요?

이렇게 차별을 차별인 줄 모르고 그럴 만한 이유가 있다는 식으

로 중국인을 대하다 보면, 결국 중국에서도 한국을 싫어하는 반한 감정이 생길 수밖에 없고 그러면 중국에 사는 한국인들이 피해를 볼 수밖에 없어요. 그러면 한국에는 중국을 싫어하는 사람이 더 많아지겠죠? 이런 사회를 좋은 사회라고 할 수 있을까요? 사람은 서로 생각이 다를 수밖에 없어요. 또 국가는 자신들의 이익을 추구하기에 다툼도 생겨요. 그럼에도 서로 대화하면서 타인을 존중해야 해요. 혐오는 반드시 혐오로만 돌아올 뿐이에요.

다정한 시민이 되는 법

말투 흉내, 하지 마세요

중국 동포의 말은 한국에서 자란 사람의 언어와 조금 달라요. 억양 차이는 꽤 크죠. 이건 당연한 거예요. 누구나 자신이 살았던 곳에서 익숙한 말을 할 뿐이죠. 그래서 어떤 사람은 표준어를, 어떤 사람은 방언(사투리)을 사용해요. 이 다름이 재밌다는 사람도 있는데, 대구 사람의 진지한 대화를 서울 사람이 '재밌다'고 한다면 참으로 이상하죠? 그런데 중국 동포의 말투를 흉내 내는 걸 '개그'라고 생각하는 사람이 많아요. 입장을 바꿔 보세요. 내 말을 누가 따라 하면서 키득거리면 기분이 좋을까요? 말투 흉내, 하지 마세요. 전혀 웃기지 않아요. 그건 비웃는 거예요.

2 부모님이 한국 사람인지는 왜 물을까?

얼굴만 보고 어느 나라 사람인지 맞힐 수 있을까?

대한민국 남성은 군대를 의무적으로 가야 해요. 그래서 남자들은 19세가 되면 신체검사와 적성 검사를 받아야 하죠. 검사를 통해 군 복무가 가능한지 아닌지, 가능하다면 어떤 곳이 적합한지를 판단해요. 이런 과정을 거쳐 입대를 해도 낯선 곳에서 전혀 모르는 사람과 한 공간에서 살아야 하니 힘든 점이 많아요.

그래서 정부는 조금이라도 군대에 잘 적응하는 걸 돕는 여러 제도를 마련했는데, '동반 입대'를 할 수도 있어요. 동반 입대는 가까운 친구나, 형제 혹은 친척 등과 함께 군대에 가서 같은 부대에서 생활하는 것을 말해요. 친밀한 사람과 함께 어려운 것을 극복해 나가면서 잘 적응하라는 것이죠. BTS의 멤버 두 명도 같은 날 동시에 동반 입대를 했어요.

'다문화 자녀 동반 입대 복무 제도'도 있어요. 다문화 자녀는 다문화 가구에서 태어난 아이들을 말해요. 다문화 가구는 한국인이 아닌 사람이 한국인과 결혼해 한국에서 살고 있는 가정을 뜻해요. 한국에서는 태어날 때 자신의 부모 국적이 한국인이면 그 사람은 자동적으로 한국 국적을 취득해요. 이 한국인이 다른 국적의 사람과 결혼하거나, 외국에 살다가 한국으로 귀화한 사람과 결혼해 아이 키우며 한국에서 살아가면 그 가정이 다문화 가정이 되는 거죠.

이 사람들도 한국에서 잘 살아가는 게 당연히 좋은 거겠죠? 그래서 국가는 통역 서비스를 제공하거나 무료로 한국어를 배울 수 있는 기회를 주기도 해요. 동반 입대도 마찬가지 취지예요. 다문화 가정의 자녀들이 군대에서 함께 생활해 조금이라도 외로움을 줄일 수 있게 하는 거지요. 그런데, 조건이 있어요. '외관상 식별이 명백'해야 해요. 즉, 사람의 겉모습이 '누가 보더라도 한국인처럼 생기지 않아야' 한다는 것이죠.

이 표현에는 지금껏 다문화 가정이 어떤 고정 관념 때문에 힘들어했는지가 잘 나타나 있어요. 많은 한국인들이 한국인을 눈으로 구분할 수 있다고 믿어요. 그래서 한국인과 다르게 생긴 사람을 외관상 명백히 식별할 수 있다고 생각하는 거죠. 한 기업에서 만든 '어느 나라 사람일까요? – 다문화 가정에 대한 한국인의 편견'이라는 공익 광고를 보면 한국인이라는 외모가 있다고 믿는 한국 사람의 고정 관념이 잘 드러나요. 광고는 '얼굴만 보고 어느 나라 사람인지 맞힐 수 있을까요?'라면서 여러 사진을 사람들에게 보여 줘요. 다들 이 나라, 저 나라를 언급해요. 느낌이 딱 그렇다면서요. 한국인은 절대 아니라면서요. 하지만 사진 속 사람들은 모두 한국인이었어요.

한국인처럼 생기지 않았다는 생각은, 생각으로만 그치지 않아요. 일상에서 툭툭 튀어나와요. 엘리베이터 안에서 누군가를 슬쩍 한 번 더 쳐다보기도 하겠죠. 그런데 그 사람이 "안녕하세요?"라고 말하면 한국말을 잘한다고 신기해하겠죠. 칭찬이라 하겠지만, 단지 얼굴 형태가 다르다는 이유로 매번 같은 말을 듣는다면 기분이 어떨까요? 이처럼 어떤 한국인도 듣지 않는 말을, 어떤 한국인은 들어야 해요. 이상하죠?

한국인에게 "우아, 한국말 잘하시네요!"라고 말하는 우스운 상황은 한국인이라는 외모가 있다는 고정 관념 때문에 발생해요. 대화가 이어지면 "김치도 먹을 줄 아냐?"라고 물을지도 몰라요. 이건 김치가 대단해서가 아니라, 사람을 다르게 느꼈기에 나오는 반응이에요. 김치 먹는 어떤 한국인들도 잘 듣지 않는 말인 거죠. 그리고 김치 안 먹는 한국인들도 많아요.

군대는 그 자체가 힘든 곳인데 이런 주변의 시선마저 존재한다면 다문화 가정의 자녀들은 더 괴로울 수 있을 거예요. 예전에는

외관상 식별이 명백하면 면제 대상이었어요. 차별받을 게 분명했기 때문이겠죠? 그만큼 서로가 다름을 인정하고 이해하는 게 부족했어요. 그래서 다문화 가정의 사람들끼리 의지할 수 있도록 동반 입대 제도를 마련한 것이에요. 어찌 보면 씁쓸하죠? 외관상 식별이 뚜렷하든 말든 사람을 다르게 대하지 않는 사회였다면 없었을 제도니까요.

조국과 민족은 왜 삭제되었을까?

유튜브에 '다문화 가정 차별'이라고 검색하면 정말 많은 뉴스가 등장해요. 집단 폭행을 당하다가 목숨을 끊는 안타까운 경우도 있어요. 이런 일들을 차근차근 분석해 보면 가해자는 늘 비슷한 말을 하고 있다는 것을 알 수 있어요. 가해자는 사람을 때리고 괴롭히면서 이렇게 말해요. "싫으면 너희 나라 가면 되잖아." 그래서 다문화 가정의 사람들은 감정을 있는 그대로 드러낼 수가 없어요. 억울해도, 아파도, 슬퍼도 다 꾹꾹 누르고 그저 참고만 사는 경우가 많아요.

어떤 경우까지 있었냐면요, 2014년에 발생한 세월호 참사 아시죠? 제주로 향하던 여객선 세월호가 침몰하면서 300명이 넘게 사망한 일이에요. 특히 경기도 안산의 한 고등학교에서 수학여행을 떠났다가 많은 학생들이 돌아오지 못했죠. 당시 대한민국은 오랫동안 슬픔에 빠졌어요. 희생자의 가족들은 정부에게 사고 원인을 제대로 분석하라고 소리쳤는데, 국민 모두가 이를 이해했고 함께 분노했죠.

그런데 어떤 이들은 그러지 못했어요. 바로 다문화 가정의 사람들이었죠. 세월호 참사 때, 다문화 가정 사망자도 여러 명이 있었어요. 그래서 평소 다문화 가정이 서로 교류하던 동네에서는 이 일을 안타까워했지만, 적극적으로 추모를 하지 못했어요. 괜한 오해를 받을 게 두려워서였죠. "정부는 책임을 져라! 대통령은 사과하라!"고 말해야 하지만, 그렇게 말하면 "왜 그렇게 요구하는 게 많아?"라는 말과 함께 심한 욕설을 듣는다는 것을 경험으로 알고 있었기 때문이에요. 한국인이라면 당연히 할 수 있는 주장을 어떤 한국인들은 못하는 거지요. 이는 많은 한국인들이 '어떤' 한국인은 한국인이 아니라고 여기기 때문이에요. 이상하지 않나요? 왜 같은 말을, 말을 하는 사람의 얼굴에 따라 다르게 느끼는 것일까요?

지금은 얼굴 생김새로 한국인인지 아닌지를 판단할 수 있는 시대가 아니에요. 2022년 기준 대한민국에는 40만 다문화 가정이 있고 인구는 115만 명이 넘어요. 한국인과 외국인의 형태로 이루어지는 다문화 혼인이 많을 때는 매년 2만 건이 넘어요. 현재 한국에서 결혼하는 부부 열 쌍 중 한 쌍은 한국인 남편과 외국인 아내, 혹은 외국인 남편과 한국인 아내로 이루어져 있어요. 당연히 학교에 다니는 다문화 가정 자녀도 많겠죠? 2023년 기준 유치원, 초등학교, 중학교, 고등학교에 다니는 다문화 학생은 18만 명이 넘어요. 10년간 세 배나 증가했는데, 이는 전체 학생의 3.5%에 해당되어요.

지금 언급한 수치들은 일시적인 현상이 아니에요. 지난 20여 년간 꾸준히 증가했고 앞으로도 그럴 거예요. 왜냐하면 현대 사회에 이런 변화는 당연한 것이기 때문이에요. 직업이 다양하지 않았던 시절에는 평생 만나는 한국인이 비슷하게 생겼을 거예요. 비행기 한 번 타기도 힘들어 나라 간의 이동이 쉽지 않았을 때는 생김새가 다른 한국인을 만날 일이 별로 없었죠. 하지만 현대 사회는 그렇지 않아요. 다양한 이유로 한국인과 외국인 사이의 결혼과 출산이 늘어났어요. 다른 나라에서 한국인이 그 나라 사람과 결혼하고 출산하는 것도 역시나 늘어났어요. 그래서 다문화 현상은 전 세계의 공통점이에요.

'국기에 대한 맹세'를 아시죠? '나는 자랑스러운 태극기 앞에 자유롭고 정의로운 대한민국의 무궁한 영광을 위하여 충성을 다할 것을 굳게 다짐합니다.'라는 지금의 내용은 2007년에 수정된 것이에요. 예전에는 '나는 자랑스러운 태극기 앞에 조국과 민족의 무궁한 영광을 위하여'라고 시작했어요. 무엇이 빠졌죠? 바로 조국과 민족이에요.

조국의 '조'는 할아버지 '조'(祖) 자예요. 그러니까 조상 때부터 대대로 살던 나라를 조국이라고 해요. 민족의 '족'은 겨레 '족'(族) 자예요. 겨레는 같은 핏줄을 이어받은 사람을 뜻해요. 왜 이 단어들을 뺐을까요? 조국과 민족은 현대 사회의 사람들을 설명하기에는 한계가 있기 때문이에요. 과거에는 좋은 뜻으로 사용되었지만 지금은 어색해질 때가 있어요. 다문화 가정의 사람들 대부분은 여기에 포함되지 않기 때문이에요.

그래서 군 입대를 할 때 하는 입영 선서문에 있었던 '민족'이란 단어도 '국민'으로 바꿨어요. 나라를 지키는 군인이 같은 민족에 해당되는지 아닌지 사람 가려 가며 지켜서는 안 되기 때문이에요.

대한민국 사람이면, 그 조상이 누구이든 핏줄이 어떠하든 중요하지 않다는 것이지요.

한국에 왔으니, 한국인처럼 행동해야 하는 걸까?

지역에 따라 다문화 가정 비율은 달라요. 어떤 지역은 교실 안에 여러 명의 다문화 가정 학생들이 있기도 해요. 이런 곳에서는 다문화 가정 학생들끼리만 모여서 한국어가 아닌 언어로 대화를 하는 모습을 쉽게 볼 수 있는데, 이를 안 좋게 보는 사람들도 있어요. 왜 자기들끼리만 어울리냐, 한국에 살면서 왜 한국어를 사용하지 않느냐 등등의 말을 하면서요. 그러면서 '처음부터 반을 따로 만드는 게 서로에게 더 좋은 거 아니냐?'고도 해요. 과연 좋을까요? 그런 식의 해법은 일시적으로는 불편한 게 없으니 괜찮아 보일지도 모르지만 장기적으로는 서로가 서로를 계속 낯설어할 것이기에 단점이 더 많아요.

'한국에 왔으면 한국인처럼 행동하라.'는 식의 접근은 다문화 사회를 대하는 좋은 자세가 아니에요. 해외의 사례에서도 배울 수 있어요. 미국에는 전 세계에서 이민 온 수많은 사람들이 있어요. 처음에 미국은 '용광로 정책'을 펼쳤어요. 어떤 것이든 펄펄 끓는 용광로에 들어가 녹는다면 다 같은 성질이 되는 것처럼, 다양한 문화를 미국이라는 나라 안에 합쳐 버리는 것을 뜻해요. 다양한 문화가 섞인다는 좋은 취지이긴 했지만 실제로는 미국에 거주하던 백인들의 문화에 다른 나라에서 온 이민자들이 자신들의 삶을 맞추는 식이었어요. 그러니 다양성을 이해하지 못하는 백인들이 여전히 있었어요. 이들은 이민자들이 조금이라도 자신들의 전통과 문화를 드러내려고 하면 손가락질하곤 했지요.

그래서 지금은 '샐러드 그릇 정책'으로 다문화 사회를 이해하고 있어요. 식당의 샐러드 바에서 큰 접시에 이런저런 채소와 과일을 담는 모습을 상상해 보세요. 접시에 올라간 브로콜리와 당근은, 끝까지 브로콜리와 당근이겠죠? 믹서기로 여러 가지를 다 갈아 버리는 것과는 다르죠? 이처럼 샐러드 그릇 정책은 다양한 문화를 그 자체로 존중해 주는 것을 뜻해요. 다양성을 있는 그대로 인정하는 것인데, 이는 세계적인 추세예요.

캐나다도 처음에는 일부 나라의 사람들에게만 이민을 허용했지만 이후 '모자이크 정책'을 펼치면서 세계 각지에서 다양한 사람을 받아들이고 있어요. 모자이크는 여러 재료로 무늬를 만들거나 그림을 그리는 미술 기법이에요. 사용하는 색깔도 다양하죠. 그래서 검은색 돌, 노란색 천, 회색 조개껍데기 등등을 이용해 만들어요. 완성된 작품을 멀리서 보면 하나의 그림이지만, 가까이서 보면 원래 재료가 그대로 보존되어 있죠. 즉, 이민자들의 문화와 전통을 유지하면서 캐나다라는 나라에 적응하도록 하는 거예요. 오늘날 캐나다는 다문화 정책을 가장 잘 펼친 나라로 인정받고 있어요.

이런 정책들이 의미하는 건 간단해요. 처음엔 낯설어도, 계속 접하다 보면 누구나 익숙해진다는 거예요. 이는 두 상대 모두에게 해당되는 말이에요. 먼저 다문화를 바라보는 사람들의 편견이 줄어들어요. 외관이 명백히 구분되는 사람이 소수가 아니라 다수가 되면 "너는 왜 우리와 다르냐?"라는 궁금증이 이상하다는 것을 스스로 알 수 있기 때문이에요. '사람은 그냥 사람이다.'라고 생각하게 되죠.

다문화라고 불리는 사람들도 새로운 사회에서 더 활발하게 살아가게 돼요. 다름을 인정받으면 일상생활에서 위축되지 않고 더 당당해질 수 있으니까요. 공부도 열심히 하고, 일도 열심히 하게

되는 거죠. 그리고 이들이 돈을 주고 물건을 사겠죠? 그러면 그 나라의 경제도 좋아지니, 모두가 이득을 보는 거예요.

    다름에 익숙해지는 첫걸음은 다름을 있는 그대로 보는 거예요. 얼굴 생김새를 보고 "아빠가 어느 나라 사람이시니?", "엄마가 한국인이시니?"라고 묻지 않아야 해요. 그냥 대한민국에는 여러 한국인이 있을 뿐이에요. 나와 같은 사람은 한 명도 없어요. 마찬가지로 나와 다른 사람도 한 명도 없어요.

다정한 시민이 되는 법

다양성의 힘을 믿으세요

다문화는 나와 구별되는 누군가의 문화가 아니에요. 모두가 '다문화' 안에 포함되어 있어요. 지구의 입장에서 보면, 한국인 가정과 다문화 가정은 따로 있는 게 아니에요. 그냥 세상에는 다양한 가정이 있는 거죠. 다양성은 사회를 건강하게 만들어요. 비슷한 사람들끼리 모인 집단은 대화도 잘 통할 거고 갈등도 별로 없을 것 같죠? 하지만 다양성이 없는 집단은 고정 관념을 고정 관념인 줄 모르고 살기에 차별하면서도 차별하는 줄 모르기도 해요. 누구의 눈에는 쉽게 보이는 것을 보지 못하기 때문이에요. 다양성의 힘은 정말 강해요. 편견을 없애 주니까요.

이슬람교를 믿는 평범한 사람들

세계 인구의 4분의 1이 무슬림

2021~2023년에 어느 대학교 근처 동네에서는 이런 일이 있었어요. 한국으로 유학 온 이슬람교 학생들은 오래전부터 함께 모여 기도했어요. 처음에는 학교 근처 집을 빌려서 기도했는데, 유학생들이 늘어나자 더 큰 공간이 필요해서 오래된 집을 돈을 모아 마련했어요. 해당 구청에는 종교 시설을 짓겠다고 신청하고 허가를 받았어요. 그래서 동네 안에 작은 이슬람 사원이 지어지기 시작했는데, 이를 반대하는 주민들이 있었어요.

물론 반대할 수 있어요. 주민들은 자신이 살고 있는 동네의 변화에 대해 관심을 가질 수 있고, 좋다 나쁘다는 입장을 말할 수 있어요. 종교 시설이 지어지면 소란스러워질 수 있다거나, 또 교통이 혼잡해져 심각한 주차 문제가 발생할 수 있다면서 말이죠. 그런데 어떤 현수막이 붙었을까요?

"이슬람 사원이 생기면 치안이 불안해진다!", "테러가 발생할 수 있으니 목숨 걸고 막아 내자!" 등등 이슬람교와 이를 믿는 사람들을 가리키는 '무슬림'을 혐오하는 과격한 표현들이 등장했어요. "우리 아이들이 위험하다.", "대한민국을 지켜 주세요."라는 것도 있었어요. 이건 종교 시설 때문에 불편하다는 게 아니라, 이슬람교라는 종교를 싫어한다는 뜻이나 다름없었죠. 교회나 성당, 혹은 절이 지어지는 걸 반대하면서 동네가 시끄러워지거나 복잡해진다고는 해도 위험해진다고는 하지 않으니까 말이죠.

주민들이 격렬히 항의하자, 허가를 내주었던 구청에선 갑작스레 공사 중단을 명령했어요. 그러자 집을 구입한 이들은 법원에 소송을 해서 건축을 해도 된다는 판결을 받았어요. 이때부터 주민들의 이슬람교 혐오는 더 강해졌어요. 갑자기 돼지고기를 나눠 먹는 행사를 열었어요. 돼지고기는 이슬람교에서는 먹지 않는 음식이니까, 다분히 의도가 있었던 행사였어요. 언론이 문제 삼자, 한국 사람이 자기 동네에서 삼겹살 먹는 것도 눈치 봐야 하냐는 식으로 대답을 했어요. 삶은 돼지머리를 무슬림들이 자주 다니는 도로 앞에 일부러 두기도 했죠.

이 사실을 해외의 여러 언론에서 "한국인들의 무슬림 혐오"라는 제목으로 보도했고 유엔 인권 이사회는 무슬림의 인권 침해가 우려되니 한국 정부가 적극적인 조치를 취하라고 지적했어요. 한국인이 보여 준 모습은 특정 종교를 증오하고 있는 것이나 다름없다면서요.

한국인들의 무슬림 혐오는 자주 있었어요. 2018년에는 예멘 출신 난민 5백여 명이 제주도로 들어와서 난민 지위를 인정해 달라고 요청했지만, 한국인들의 반대로 인해 대부분이 거절당했고 단 두 명만이 난민으로 인정받았어요. 물론 난민을 수용하냐 마냐에 대해 국민 누구나 자유롭게 의견을 말할 수 있어요. 그렇기에 반대했다는 것이 잘못된 것은 아니에요. 하지만 그 과정에서 특정 종교에 대한 혐오를 마음껏 드러내는 게 진정한 자유는 아니에요. 예멘은 이슬람교가 국교인 나라예요. 한국인들은 이런저런 이유로 난민을 수용하기에는 무리가 있다면서 논리적인 설명을 하는 게 아니라 '그들은 다 무슬림이다. 그래서 절대 안 된다!'면서 시위를 했어요.

이상하지 않으세요? 저 말을 한국에 사는 무슬림이 들으면 기분이 어떨까요? 한국에는 이슬람교를 믿는 사람이 없을까요? 그럴 리가 없죠. 한국에서 태어나서 자란 사람 중 종교가 이슬람교인 사람은 6만 명이 넘어요. 거주하는 외국인 무슬림은 20만 명이 넘어요. 그 사람들에게 '이슬람교 절대 반대'라는 말이 큰 상처가 된다는 것은 당연한 거예요.

전 세계 인구가 80억 명이 넘는데 그중 이슬람교를 믿는 사람

은 20억 명이 넘어요. 세계 인구의 4분의 1이 무슬림이라는 말이고 이 숫자는 앞으로 더 늘어날 거예요. 여러분이 앞으로 무슨 일을 하든, 어디에 살든 종교가 이슬람교인 사람을 만나는 일은 매우 당연하다는 것이죠. 그러면 한국의 모습은 어때야 할까요? 절대로 이슬람교를 인정하지 않아야 할까요?

테러는 극단주의자들의 짓이에요

무슬림을 차별해도 된다고 주장하는 사람들은 이슬람교는 문제가 많다고 말해요. 이런저런 문제가 있으니 당연히 싫어할 수 있지 않냐는 거죠. 대표적인 게 바로 테러 가능성이에요. 무슬림들은 테러리스트가 될 확률이 매우 높다면서 경계를 하는 거죠. 그래서 '모든 무슬림은 테러리스트가 아니지만, 모든 테러리스트는 무슬림이다.'라는 말이 당연하다는 듯이 떠돌아요. 맞는 말일까요? 절대 그렇지 않아요.

간단한 예를 살펴보면서 이 문제를 다양하게 짚어 볼게요. 지난 2019년 3월 15일, 뉴질랜드의 이슬람 사원에 백인이 들어와서 기도하던 사람들에게 총을 마구 쏘았어요. 무려 51명이 사망했죠. 심지어 범인은 이를 카메라로 찍으면서 중계까지 했어요. 그는 무슬림을 증오하는 백인 우월주의자였는데, 뉴질랜드에 이슬람 종교를 믿는 사람들이 늘어나는 게 싫다면서 끔찍한 범죄를 저질렀어요. 그러면서도 떳떳한 척했어요.

모든 테러리스트가 무슬림이라는 건 말도 안 되는 소리예요. 이처럼 무슬림이 피해자인 테러도 정말 많아요. 더 중요한 것은 이런 백인 우월주의자의 테러에 대해서 누구도 백인을 혐오하지 않는다는 거예요. 이 사건은 백인 중 누군가가 우월주의자가 되어서 저지른 일이라는 사실이 명백하니, 백인을 혐오하지 않는다는 건 아주 바람직한 현상이에요. 백인 우월주의자가 백인일 확률이 백 프로니까, 그렇다면 백인은 누구나 백인 우월주의자가 될 수 있으니 조심해야 한다고 말하면 참으로 어이가 없죠? 하지만 가해자가 무슬림일 때는 그렇게 생각하지 않아요.

역사상 최악의 테러로 알려진 사건은 9.11 테러예요. 2001년 9월 11일, 테러리스트들은 비행기를 납치해 뉴욕의 세계 무역 센터 건물과 미국 국방부 펜타곤으로 돌진했어요. 3천 명 이상이 사망하는 엄청난 비극이었어요. 이 테러는 이슬람교의 경전 쿠란을 자신들 뜻대로 해석하는 이슬람 극단주의자들의 짓이었어요. 이슬람 극단주의자들은 테러를 이슬람교를 위한 어쩔 수 없는 것으로 여기고 심지어 성스러운 전쟁으로 생각해요. 테러를 성스럽다고 생각한다니 말도 안 되죠?

아무도 이러한 테러를 옳다고 여기지 않아요. 하지만 이 테러는 무슬림이 아니라 무슬림 중 이슬람 극단주의자가 된 이들의 범죄예요. 어떤 백인이 역사를 잘못 이해하고, 또 백인이 우월하다고 여기는 이들과 자주 만나다 보면 매우 나쁜 행동을 하는 지경에 이를 수 있는 것처럼 어떤 무슬림 역시 마찬가지 상황이라면 나쁜 행동을 저지르기도 해요.

하지만 백인 우월주의자 범죄의 원인이 그 사람이 원래 백인이어서가 아닌 것처럼 이슬람 극단주의자의 범죄 역시 그 사람의 종교가 이슬람교이기 때문은 아닌 거예요. 우리가 던져야 할 질문은 왜 그 사람이 우월주의자가 되었는지, 왜 그 사람이 극단주의자가 되었는지에 대한 것이어야 해요.

이렇게 말해도, '어쨌든 나는 이슬람이라는 종교가 싫다!'는 사람이 있어요. 무슬림이 가해자였던 테러를 언급하며, 혹시나 해서 의심하는 게 왜 잘못이냐고 할 사람도 있겠지만 다음의 예시로 고민해 보아요.

한국은 경제 협력 개발 기구(OECD)에 소속된 국가들 중 자살률이 1위죠. 그것도 아주 오랫동안요. 여러 이유가 있겠지만, 전문가들은 한국 사회의 지나친 경쟁을 지적해요. 상처를 받으며 성장하면서 우울증 같은 마음의 병을 앓는 경우가 많고, 이것이 자살로 이어진다는 것이죠. 프롤로그에서 언급한 것처럼 미국의 한 작가는 한국을 "세계에서 가장 우울한 나라."라고 표현했을 정도예요. 안타깝죠? 우리는 앞으로 이 문제를 해결하기 위해 많은 노력을 해야 할 거예요.

그런데 이 사실 때문에 여러분이 차별받으면 기분이 어떨까요? 여러분이 외국으로 유학을 떠났다고 생각해 보세요. 생활비를 절약하고자 한국인 유학생 몇 명과 함께 살기로 결정해서 살 집을

● 이슬람교란?

기독교(천주교와 개신교)와 유대교와 이슬람교 모두 유일신인 하느님을 믿는 뿌리가 같은 종교이다. 창세기에 나오는 아브라함을 조상으로 여기며, 구약 성경을 경전으로 인정한다. 또 부활과 최후의 심판을 강조한다. 그러나 예수에 대해서 유대교와 이슬람교는 선지자 중의 한 명으로 생각하지만, 기독교에서는 구원자로 인정하고 믿는다.

구했다고 쳐요. 그런데 갑자기 이웃들이 '자살할지도 모르는 한국 사람이 같은 동네에 산다는 건 말이 안 된다. 우울한 사람이 많아지면 아이들에게도 안 좋다.'면서 항의하고 '너희 나라로 돌아가라!'라고 적힌 현수막을 달아 놓는다면 참 황당하겠죠?

그리고 자신의 나라에 '한국인들로부터 주민들을 지켜 달라!'는 요청을 한다면 그걸 지켜보는 한국인 유학생들은 그 동네를 걸어 다니는 것만으로도 불안하겠죠? 모든 한국 사람들이 다 그런 게 아니라고 말을 해도 무시하고, 한국인들도 그 문제를 심각하게 여기고 개선하기 위해 노력하고 있다고 설명을 해도 들은 척도 하지 않는 이웃을 외국에서 만난다면 어떨까요? 정말 하루하루가 괴로울 거예요.

차별과 싸우는 무슬림들

테러를 저지를 수 있다는 편견 다음으로 사람들이 언급하는 이슬람교를 싫어하는 이유는 성차별이 심하다는 거예요. 모두를 사랑해야 하는 종교가 여성을 차별하고 있으니 잘못되었다는 거죠.

하지만 이슬람교가 성차별을 한다는 말은 틀렸어요. 이슬람교를 믿는 사람이 많은 나라 일부에서 여성이 차별을 받고 있다는 것이 정확한 표현이에요.

어떤 나라에서는 최근에야 여성도 운전을 할 수 있게 했고, 어떤 나라에서는 여성이 운동 경기를 관람하는 걸 금지하기도 해요. 여성은 집에서 가정을 돌봐야 한다는 것인데, 이런 것은 명백한 차별이 맞아요. 무엇보다 여성은 노출을 해서는 안 된다는 이유로 옷차림에 규정이 있기도 해요. 여성 축구 심판이 반바지를 입었다는 이유로 축구 방송을 중단한 나라도 있어요. 머리와 목을 가리는 두건인 히잡을 쓰지 않으면 감옥에 가는 나라도 있는데, 아무리 문화의 다양성을 인정한다고 하더라도 이건 좀 심하죠?

그런데 그거 아세요? 이러한 차별에 가장 강력하게 항의하는 사람들이 바로 여성 무슬림들이에요. 법이 잘못되었다고 소송을 걸고 규범을 바꾸라면서 시위해요. 감옥에 가면서도 자신이 믿는 종교인 이슬람교가 바른길로 가기를 희망하는 여성들이 지금 이 순간에도 매우 많아요. 이럴 수 있는 이유는 여성이 억압받는 원인이 이슬람교 자체가 아니라는 것을 알기 때문이에요. 이슬람교를 잘못 적용하는 사회와 사람이 문제라는 것이지요.

대부분의 무슬림은 말 그대로 종교가 이슬람교인 평범한 사람들일 뿐이에요. 어떤 사람이 어떤 종교를 가지고 그 믿음으로 살아간다는 건 인류 역사에서 아주 오래된 일이에요. 그렇다면 종교가 다르기에 서로 간에 거리를 두는 것이 아니라, 달라도 함께 살아갈 수 있는 방법을 찾는 것이 당연히 인간적이에요. 종교가 무엇이냐에 따라 사람을 판단하는 것이 아니라 종교가 무엇이든 간에 사람을 다정하게 대하는 것이 중요한 것이에요.

하지만 한국에서는 어떻게든 이슬람이라는 종교를 인정하지 않으려고 해요. 심지어 이런 일도 있었어요. 2021년, 여권 색깔이 녹색에서 파란색으로 교체되었는데 그 이유 중 하나로 '이슬람교를 믿는 국가에서 주로 사용하는 여권 색깔과 비슷하다.'는 게 꼽힐 정도였어요. 이처럼 한국에서 이슬람은 싫어해도 괜찮은 것처럼 다뤄지고, 그래서 사람들이 더 함부로 말하곤 해요.

한국에서 무슬림은 절대 살아서는 안 되는 것일까요? 그렇지 않아요. 서울 이태원에 있는 한국 최초의 이슬람 사원은 1976년에 세워졌어요. 지금은 전국 20여 곳에 있어요. 몇 명이 모여서 기도하는 공간은 2백여 개가 넘어요. 대학마다 이슬람교 동아리도 있고 무슬림이 먹는 음식인 '할랄 푸드'를 파는 곳도 많아요. 인도네시아 여자 배구 선수 메가왓티 퍼티위는 한국의 프로 배구팀에서 히잡을 쓰고 경기에 출전하고 있어요.

   이게 이상한가요? 한국에 온 무슬림들이 자신의 종교적 가르침을 계속 따르면서 공부도 하고 일도 할 수 있다는 건 너무너무 좋은 현상 아닌가요? 이런 사람들이 많아질수록 이슬람교에 대한 편견을 가진 한국 사람들도 줄어들 것이 분명해요.

다정한 시민이 되는 법

신앙생활을 존중하세요

이슬람교의 교리에는 할랄(허용된 것)과 하람(금지된 것)이 있어요. 술이나 돼지고기를 먹어서는 안 되고 닭이나 소 등은 정해진 방식으로 도축해야만 해요. 무슬림들은 이를 지키며 신앙생활을 해요. 신앙은 믿고 따른다는 뜻이에요. 그런데 "왜 다른 나라에서 저러냐?"면서 불편하는 한국 사람이 많아요. 무슬림이 무슬림 아닌 사람에게 돼지고기 먹지 말라는 것도 아닌데 불편할 이유가 있을까요? 세계는 이미 '할랄 푸드'를 다양하게 만들고 있어요. '할랄 푸드' 인증을 받은 신라면과 불닭볶음면은 인기가 많아요. 그렇게 가까워지는 거예요.

손 들었으니, 제발 쏘지 마!

누군가는 반창고를 붙이며 울컥해

　반창고를 그려 보세요. 무슨 색깔로 칠할 건가요? 아마 살구색이겠죠. 만화 캐릭터 반창고도 있지만, 일반적인 반창고 색깔은 많이 다르지 않아요. 이 살구색을 예전에는 살색이라고 했어요. 피부(살)의 색깔이라는 거죠. 사람의 피부가 한 가지 색상일 순 없겠지만, 옛날에는 한국에 사는 사람들의 피부색이 다 비슷하니 살색은 한 가지 색을 의미했어요.

　하지만 2001년, '특정 색을 살색으로 규정해선 안 된다.'는 외국인의 요구를 국가가 받아들여 살색은 연주황색이 되었어요. 그리고 어려운 한자어를 사용하지 말아 달라는 어린이들의 목소리가 반영되어 살구색이 되었지요. 미국에서도 사람의 피부를 뜻하는 'flesh'라는 단어로 살색을 표현하다가 오래전에 복숭아색(peach)으로 수정했어요.

　그렇다면 반창고 색깔은 왜 살구색일까요? 피부와 비슷한 색깔이면 반창고를 붙여도 어색하지 않기 때문이에요. 빨간색이나 민트색 반창고를 얼굴에 붙이고 학교에 간다고 생각해 보세요. 친구들이 백 미터 밖에서도 알아볼 색깔의 반창고를 일부러 붙일 필

요는 없는 거죠. 그런데 만약 여러분이 흑인이라면 어찌해야 할까요? 반창고 하나 붙여도 너무너무 티가 나겠죠? 이건 차별일까요? 아니면 어쩔 수 없이 받아들여야 하는 걸까요?

지난 2019년, 미국의 인권 운동가 도미니크 아폴론 씨는 짙은 색 반창고를 붙인 손 사진을 트위터에 올리며 이런 말을 했어요. "피부와 같은 색의 반창고를 붙이는 데 45년이나 걸렸다. 수백만의 흑인 아이들은 자신의 피부색이 아닌 반창고를 붙일 때 슬픔을 느꼈다."

흑인의 일상은 결코 평범하지 않아요. 반창고 하나 붙이는 것조차 단지 흑인이기에 더 신경이 쓰이는 거죠. 과거 미국의 반창고 광고에서는 '살색(flesh-colored)이라 보이지 않음(invisible)'을 강조했어요. 하지만 보이지 않는다는 게, 모두에게 해당되지는 않는 것이었죠. 제약 회사 존슨앤드존슨에서는 다양한 피부색을 고려한 반창고를 출시해서 화제가 된 적이 있었는데, 그게 2021년이었어요. 1921년이 아니라요.

그만큼 오랫동안 흑인은 사소한 것조차 다르게 대우받았다는 거지요. 반창고만 그랬다면, 그저 사소한 불편이었을 거예요. 아폴론 씨가 자신의 피부색과 비슷한 작은 반창고 하나 붙이고 울컥

할 수 있었던 것은, 그가 살아온 45년 동안 이 사회가 흑인을 다른 사람들과 비슷하게 대해 주지 않았기 때문이에요. 심지어 목숨까지도요.

차별이 줄었다는 게, 차별이 사라졌다는 것이 아니야

2018년, 미국 새크라멘토의 주택가에서 있었던 일이에요. 차량 절도 신고를 받고 출동한 두 명의 경찰은 검거 과정에서 용의자에게 총을 발사하죠. 무려 20발을요. 하지만 사망한 사람은 용의자가 아니었어요. 22세 흑인 스테판 클라크는 자기 할아버지 집 뒤뜰에 있다가 봉변을 당했어요.

얼마나 급박했기에 20발의 총알을 발사해야 했을까요? 경찰은 용의자가 총을 꺼냈다고 판단했어요. 하지만 경찰이 본 건 총이 아니라 클라크의 스마트폰 불빛이었어요. 스마트폰의 손전등 기능이 켜져 있었는데, 그걸 총으로 착각한 거예요. 차량 절도범이 있다는 신고를 받고 출동한 경찰은 흑인이 차량 근처에 있으니 당

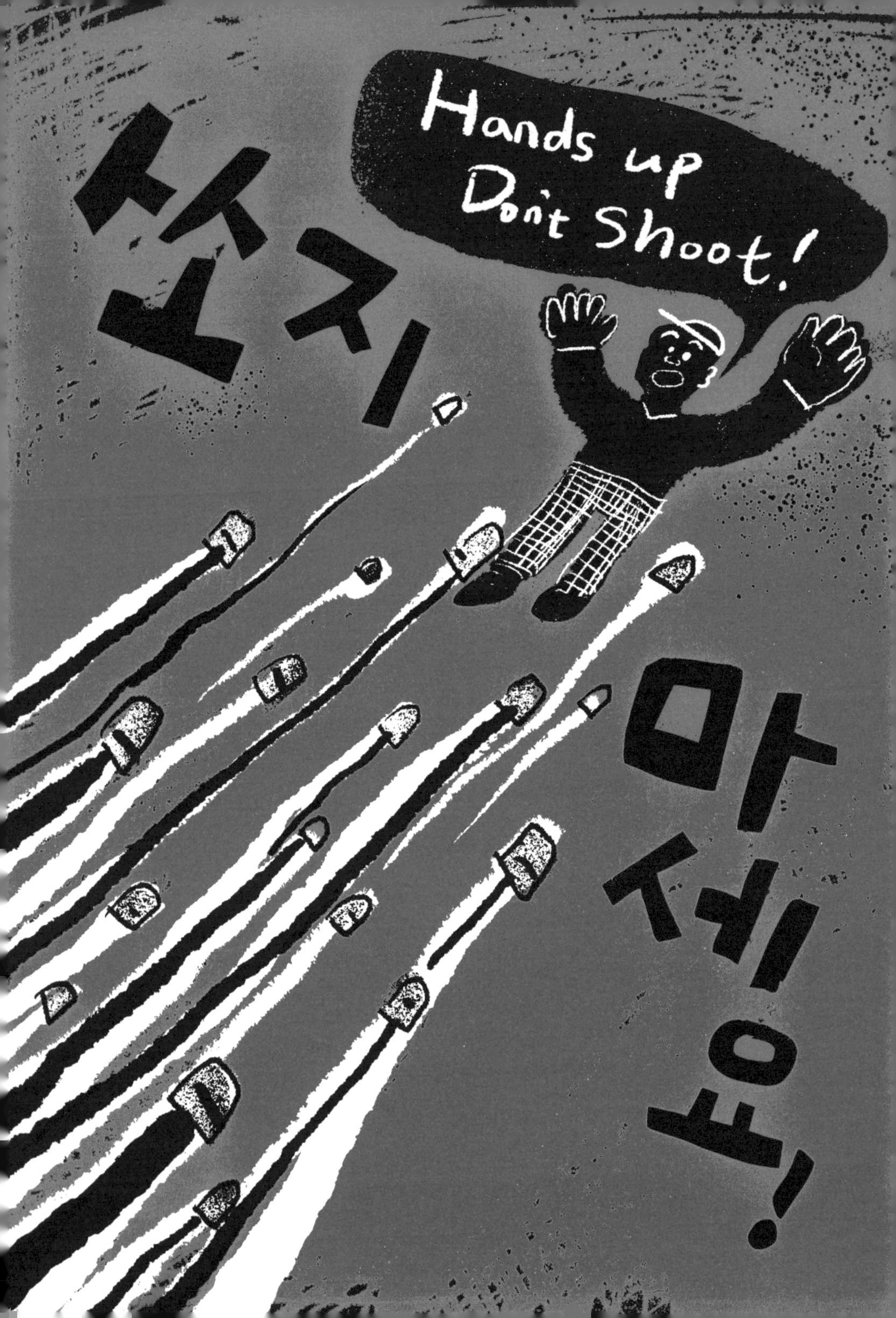
Hands up Don't Shoot!
쏘지 마세요!

연히 절도범이라 생각했고, 그 흑인의 몸에 불빛이 보이니 총이라 믿었고, 또 흑인 절도범이 총을 지녔다면 반드시 경찰을 향해 쏠 거라고 단정했던 것이었어요.

경찰이 정당방위였다고 주장하자 많은 흑인들이 항의를 했어요. '흑인들의 목숨도 소중하다!'(Black lives matter)라는 팻말을 들고 "손 들었으니, 제발 쏘지 마!"(Hands up, don't shoot!)라고 외치면서요.

2020년 조지 플로이드 사건은 흑인 차별이 여전하다는 것을 보여 줬어요. 경찰이 위조지폐를 사용한 혐의로 '흑인' 조지 플로이드를 체포하면서 바닥에 눕힌 뒤 무릎으로 무려 7분 46초 동안 목을 눌렀어요. 플로이드는 "숨을 쉴 수 없다."라고 몇 번이나 말했지만 경찰은 아랑곳하지 않았고, 동료 경찰은 말리려는 주변 사람들을 제재했어요. 그 자리에서 플로이드는 목숨을 잃었어요. 흑인들은 '흑인들의 목숨도 소중하다!'면서 시위를 했죠.

흑인들이 시위를 하는 건, 사건 하나 때문만이 아니라 나쁜 짓을 할 수도 있다는 편견을 지니고 흑인을 대하는 이들을 일상에서 항상 만나기 때문이에요. 흑인이라 더 자주 검문을 당하고, 체포당하고, 그리고 체포 중에도 강하게 제지당한다는 거지요. 흑인들은 이런 말을 하기도 해요. 산책은 반드시 작은 강아지와 함께하고, 손에 유명한 카페 브랜드의 테이크아웃 잔을 들고 거리를 다녀야지 의심을 덜 받는다고요.

인종 차별의 역사는 인종이라는 말의 등장과 함께 시작했어요. 무슨 말이냐면, 인종이라는 말 자체가 차별을 정당화하기 위해서 만들어진 말이라는 거예요. 쉽게 이야기해 볼게요. 산업 혁명으로 섬유 공장이 생겼어요. 사람이 아니라 기계가 옷을 만드니 생산량이 어마어마하게 늘었겠죠? 그게 가능하려면 옷의 원료, 즉 목화가 많이 필요하겠죠. 유럽인들은 아메리카 대륙 곳곳에 목화 농장을 만들었어요. 그리고 아프리카 흑인들을 강제로 끌고 가서 노예로 일을 시켰지요.

유럽에서 커피에 대한 수요가 증가하자 마찬가지로 유럽인들은 남미 지역에 커피 농장을 만들었고 원주민과 아프리카 흑인들을 노예로 부렸지요. 커피를 마시면 설탕도 필요해지죠? 그래서 사탕수수 농장을 곳곳에 만들었죠. 일할 사람이 더 필요하겠죠? 유럽인들은 자신들의 탐욕을 채우고자 멀쩡한 사람을 노예로 만들었어요. 그리고 이 노예들은 차별을 받고 살아야 했죠.

인종이란 말은 이때 등장해요. 당시 유럽 사람들은 모든 인간은 평등하다고 믿고 있었거든요. 하지만 노예처럼 일할 사람이 필요했죠. 이를 위해서는 아프리카에 사는 흑인들을 인간처럼 보이긴 하지만, 유럽인들에 비해 진화가 덜 된 짐승에 가까운 인간으로 만들어야 했어요. 그러면서 단순히 특정한 지역에 사는 사람, 피부 색깔이 다른 사람의 뜻을 넘어 '백인과 흑인은 종 자체가 다르다.'라고 주장하기에 이르렀죠.

나쁜 과학자들은 백인과 흑인의 두개골 모양과 신체 특징을 비교해 단순한 차이를 흑인이 진화가 덜 되었다는 증거랍시고 설명했어요. 이를 골상학, 우생학이라고 해요. 아프리카에서 흑인을 데려와 동물원에 전시까지 했어요. 정말 끔찍하죠? 미국에서는 1906년까지도 이런 일이 있었고, 벨기에에서는 1958년 만국 박람회에 식민지 사람을 끌고 와 구경거리로 만들었어요.

지금은 상상할 수도 없는 일이죠? 그러면 인종 차별은 사라졌을까요? 노예 제도가 폐지되었으면, 흑인을 노예처럼 대하던 백인들의 인식은 달라졌을까요? 미국에서 흑인은 집 앞에 가까운 학교가 있어도 멀리 떨어진 곳으로 가야만 했어요. 학교에서 백인과 흑인이 함께 공부할 수 없다는 법이 1960년대 초까지 있었거든요. 수영장 같은 공공시설도 사용하지 못했죠.

이러한 차별 조치가 사라지면, 흑인은 평등하게 살아갈까요? 사람을 이상하게 쳐다보는 고정 관념은 한순간에 없어지는 게 아니에요. 몇백 년, 몇십 년 전에 비해서 차별이 줄어들고 있는 건 사실이겠지만 "더 이상 인종 차별은 없다."라고 말해선 안 돼요. 그건 사실이 아니기 때문이죠.

백인만 지원 가능한 직업이 있을까?

미국과 영국은 올림픽에서 많은 메달을 따는 스포츠 강국이에요. 그런데 그 역사를 보면 특별한 게 발견되는데, 유독 수영 종목에서만 흑인들의 활약이 매우 늦었다는 거죠. 2000년대가 지나서야 소수의 흑인들이 미국과 영국을 대표해 수영 선수로 올림픽에 참여했을 정도죠.

미국이나 영국에서 오랫동안 흑인이 수영에 두각을 드러내지 못한 것에 대해 사람들은 신체적 특징이 수영하기 부적합하다는 식의 해석을 했어요. 틀렸어요. 정답은 흑인들이 수영을 자주 접하지 못했기 때문이에요. 수영장을 자주 이용하지 못해서 수영이 낯설었던 부모는 자녀에게도 쉽게 배우게 하지 못했던 거죠.

앨리스 디어링은 영국의 수영 선수예요. 디어링은 평소 특별 제작된 수영모를 쓰고 수영을 했어요. 흑인이라 머리카락이 두꺼운 곱슬에 풍성했기 때문이었죠. 2020년 올림픽에 출전하게 되자 국제 수영 연맹에 자신이 사용하는 수영모의 사용을 승인해 달라는 요청을 했어요. 그런데 이게 거절당해요. 이유가 '자연적인 머리 모양에 맞지 않고, 지금껏 그런 형태의 수영모를 요구한 선수가 없었다.'는 것이었죠.

도대체 자연적인 머리 모양이란 누구의 머리 모양을 말하는 걸까요? 왜 지금까지 그런 수영 모자를 사용했던 선수가 없었을지를 한 번만 고민했다면 이러지 않았겠죠? 논란이 되자 국제 수영 연맹은 뒤늦게 승인했지만, 흑인에 대한 차별이 얼마나 지독했고 또 여전한지를 보여 준 사건이었어요. 반창고처럼 수영 모자도 흑인들은 늘 고려 대상이 아니었던 거죠.

흑인을 깔보는 편견이 많으면 당연히 흑인의 삶은 힘들어지겠죠? 특히 어릴 때부터 단지 피부 색깔 때문에 차별받는다면 어른이 되어서도 그 영향에서 자유롭지 못해요. 하버드 대학에서는 어린이 수천 명의 뇌 사진을 찍어서 백인 아이와 흑인 아이의 뇌가

특정 부분에서 다른 것을 알게 되었어요. 그건 가난과 차별 등 부정적인 영향을 받을 때 반응하는 것이었죠. 그리고 이 차이는 원래 그런 게 아니라, 사회가 사람을 다르게 대했기 때문에 나타나는 것이었죠.

흑인이 원래 그런 게 아니라, 인종 차별이 심하니 흑인들은 좋은 일자리를 구하지 못하고 일부는 범죄를 저지르기도 해요. 이것은 '역시 흑인들은 문제가 많아!'라면서 누군가의 고정 관념을 더 강화하겠죠? 이런 악순환이 너무나 오래되었어요. 그 시작에 흑인을 바라보는 사회의 편견이 있었음을 부정해서는 안 돼요.

한국에서도 흑인에 대한 차별은 심해요. 우리가 사는 세상에서는 흑인을 평등하게 대하지 않는 모습을 많이 발견할 수 있어요. 어떤 면에서는 최소한 법과 제도적으로는 차별이 금지된 미국에선 상상할 수 없는 일이 벌어져요. 예를 들어, 영어 유치원이나 초등학교에서 원어민 교사를 구할 때 '백인만 지원 가능'이라는 문구를 버젓이 올리는 건 미국에선 상상할 수 없는 일이에요. 이런 일이 2010년대 중반까지도 한국에서 벌어졌어요.

한국에서 일하는 흑인들에게 물어보면 예외 없이 사람들의 다른 시선에 대해서 말을 해요. 자신의 팔을 보고 초콜릿인 줄 알았다고 하거나, 손을 만지면서 "혹시 검은색이 묻는 거 아냐?"라고 하는 등 매우 무례한 경우를 경험했다는 흑인들이 너무 많아요.

이 모든 것은 흑인을 더 신기하게 바라보는 버릇으로부터 시작한 거예요. 그렇기에 인종 차별이 없는 세상을 꿈꾼다면 내 눈에 마주하는 사람의 피부 색깔을 의식하지 않아야 해요. 하지만 이런 노력을 달가워하지 않으며 고정 관념을 지적하는 사람에게 유난 떨지 말라고 하는 사람도 있어요. 특히 '흑형'이란 표현이 차별일 수 있다는 지적에 대해서 더 화를 내죠. 나쁜 뜻이 없고 오히려 흑인의 굉장한 신체 능력 등을 표현하면서 하는 말인데 왜 차별이냐는 거죠.

하지만 백형이라는 표현은 없는 것처럼, 이 문제의 핵심은 왜 흑인이 돋보일 때만 흑형이라고 하냐는 것에 있어요. 이는 반대의 상황, 그러니까 흑인이 문제를 일으킬 때 흑인이라서 그런 것 아니냐는 고정 관념으로 이어질 수 있겠죠? 이처럼 피부 색깔로 사람을 분류하려는 버릇의 하나이기에 흑형이라는 말을 쓰지 말자는 것이에요. 고정 관념을 깬다는 것은, 별거 아니라고 생각하는 것부터 평소와는 다르게 생각하고 행동해야지만 가능한 것이에요.

다정한 시민이 되는 법

표현의 자유는 '무슨 말도 해도 되는' 자유가 아니에요

과거에는 개그 프로에서 흑인들의 모습을 흉내 내는 게 정말 많았어요. 사람의 피부 색깔이 유머 코드였던 거죠. 지금은 조금 개선되었지만, 재밌자고 한 건데 무엇이 문제냐면서 화를 내는 사람도 있어요. 이때 등장하는 말이 '표현의 자유'예요. 표현의 자유는 억울한 사람들이 억울하다고 말할 자유지, 무슨 말이라도 해도 된다는 자유가 아니에요. 피부 색깔을 가지고 농담하는 게 익숙한 사람들은, 이를 반성하자는 걸 불편하게 여기기도 해요. 하지만 차별을 차별인지 몰랐던 고정 관념은 깨야 하는 것이에요. 계속 차별하겠다는 자유는, 없어요.

5
한국 사회에 꼭 필요한 일을 하는 사람들

3D 업종이 아니라 4D 업종

노동은 사람이 일을 하고 보상을 받는 것을 말해요. 일을 한 사람은 보상이 있어야지만 생활을 유지할 수 있어요. 대부분의 사람들은 노동을 해서 돈을 벌어 자신과 가족을 부양하죠. 학원비를 내고, 병원비를 내고, 각종 세금을 내고, 저축해서 내 집을 장만하기도 하고, 은행에서 빌린 돈을 갚기도 해요. 여행을 가기도 하고, 맛있는 걸 사 먹기도 하고, 휴대폰을 교체하기도 하죠.

사람들은 노동 없이 살아가는 것이 힘들고, 사회는 그런 노동이 모여서 돌아가요. 밥을 안 먹고 산다는 건 상상도 할 수 없죠? 학교에서 먹는 급식을 생각해 보세요. 급식판 위에 올라오는 모든 음식은 누군가의 노동을 거친 것이에요. 쌀이든, 생선이든, 고기든 사람이 일을 하지 않으면 우리들의 밥상에 올라올 수가 없죠. 그래서 모든 노동은 모든 사람과 연결되어 있어요.

정말 노동이 중요하죠? 그런데 만약 그 노동을 하는 사람이 일터에서 불합리한 대우를 받는다면 어떻게 될까요? 노동자가 일터에서 무시당하고 차별받으면, 누가 그 일을 열심히 할까요? 예를 들어, 버스를 운전하는 노동자가 회사에서 온갖 폭력에 시달린다면 운전을 하는 데 집중할 수 있을까요? 휴식 시간과 휴식일도 제대로 보장받지 못하고 종일 운전만 해야 한다면요? 노동자 본인은 물론이고 그 버스에 타는 사람들도 위험해지겠죠?

그래서 국가는 노동자들이 일을 잘할 수 있도록 법을 통해 도와줘요. 나라마다 근로 기준법이 있는 이유예요. 근로 기준법이 있기에 노동자는 그나마 보호받을 수 있어요. 하루에 몇 시간을 일하는지, 언제 쉴 수 있는지를 알 수 있죠. 계약한 기간 내에는 정당한 이유 없이 해고당하지 않을 권리도 보장받죠. 그리고 최저 임금 제도도 있어요. 최저 임금은 노동자들이 받는 보상이 최소한 이 정도는 되어야 그 사회에서 인간답게 살아갈 수 있다는 기준이에요. 어떤 일이든 간에 노동자는 최저 임금 이상을 받을 권리가 있는 거죠. 근로 기준법과 최저 임금 제도는 노동자의 기본권을 보장하는 아주 중요하고도 당연한 제도예요.

하지만 한국에서 어떤 노동자들은 이러한 법의 보호를 받지 못하기도 해요. 바로 이주 노동자들이에요. 이주 노동자는 자신이 살던 곳을 떠나 다른 나라에서 취업한 사람을 말해요. 한국에서 일하는 외국인은 곳곳에 있죠? 학교나 학원에서 영어를 가르치는 원어민 강사부터 기업의 연구소에서 일하는 외국인까지 자신의

나라를 떠나서 일하는 사람은 많아요. 국가에서는 외국인 노동자들에게 취업 비자를 발급해요. 취업 비자는 '이곳에 와서 일해도 된다.'는 증명서인데, 무슨 일을 하느냐에 따라서 비자 종류가 달라요. 이중 비교적 단순한 노동을 하는 사람들이 받는 비자가 있는데, 한국 사회에서 '이주 노동자'라고 할 때는 일반적으로 이 비자를 발급받은 사람들을 언급하는 거예요.

단순한 노동이라는 것은 쉬운 일이라는 뜻이 아니에요. 학위나 자격증이 필요한 것이 아닐 뿐이지, 육체적으로 굉장히 힘든 일이 대부분이에요. 그럼에도 급여는 낮아요. 이런 일을 3D 업종이라고 해요. Dirty(더럽고), Difficult(힘들고), Dangerous(위험한)의 앞글자를 따서 만든 말이에요. 그래서 많은 사람들이 하기 싫어해요. 그런데 이 일을 하는 사람이 없으면 사회가 제대로 돌아가지 않기에, 국가는 외국인에게 일자리를 제공하는 거죠.

그런데 한국의 이주 노동자는 4D 업종에 종사한다는 말을 들어요. 3D에, D로 시작하는 다른 말이 하나 추가되었는데 그것은 Death(죽음)예요. 실제로 이주 노동자는 일하다가 죽을 확률이 더 높아요. 한국의 노동자 중 이주 노동자는 3%인데, 일하다가 사망하는 노동자 중 이주 노동자 비율은 10%가 넘으니까요. 도대체 한국에서 일하는 이주 노동자들에게는 어떤 일이 벌어지고 있는 것일까요? 한국 사회에 필요한 일을 하는 사람인데, 그 사람이 한국인이 아니라는 이유로 다른 대우를 받는다는 게 말이 될까요? 누군가는 해야 하는 힘든 일을 하는 사람을 무시하는 사회가 과연 좋은 사회라고 할 수 있을까요?

이주 노동자를 일회용품처럼

만약 오늘부터 한국의 이주 노동자들이 일을 하지 않는다면 여러분의 삶에는 어떤 일이 발생할까요? 밥도 먹지 못해요. 한국인이 먹는 대부분의 음식은 이주 노동자의 손길을 거쳐서 식탁에 온 것이에요. 오징어잡이 배에, 고등어잡이 배에 이주 노동자가 없는 경우는 없어요. 김 양식장과 새우 양식장에도요. 깻잎과 상추를 재배하는 농장에도요. 돼지를 기르는 양돈장에, 닭을 기르는 양계장에도 마찬가지예요. 자동차 부품을 만드는 공장에서, 배를 만드는 조선소에서 이주 노동자들을 보는 건 낯선 일이 아니에요. 한국 사회 어디에나 이주 노동자가 있는 거지요.

한국 사회가 이주 노동자 없이는 온전히 작동되지 않는다면, 이들이 한국에서 일하는 다른 노동자들과 같은 대우를 받는 게 당연하겠죠? 같은 일을 하면 같은 월급을 받아야 해요. 또 정해진 날에 받아야 해요. 하지 않아도 될 일을 해서는 안 돼요. 위험한 일을 해야 한다면, 더 안전하게 일할 수 있는 환경이 보장되어야 해요. 사람 목숨은 동등하게 소중하니까요. 그런데 과연 그럴까요?

미국의 언론사 〈뉴욕 타임스〉는 한국에는 이주 노동자가 필요한데, 정작 한국 사회는 이들의 보호에 실패했다는 기사를 작성했어요. 제목이 무엇이었을까요? "이주 노동자를 일회용품처럼"이었어요. 임금 체불이 잦고 주거 시설이 열악하다는 점을 짚었어요. 실제 한국의 다른 노동자보다 이주 노동자들이 월급을 제때 못 받는 경우가 훨씬 많아요. 숙소가 정식 건물이 아닌 경우도 많아요. 컨테이너 같은 곳에 여러 명을 거주하게 하고 숙박비라면서 월급에서 몇십만 원을 빼기도 해요. 그래서 이주 노동자 집회에서는 이런 말이 항상 나와요. "이주 노동자는 기계가 아니고 사람입니다. 똑같은 노동자입니다."

이주 노동자 차별에는 구조적인 문제가 있어요. 한국에서 이주 노동자는 '고용 허가제'라는 제도를 통해서 일을 할 수 있어요. 국가는 '올해는 얼마만큼의 이주 노동자가 필요하다.'고 판단한 후 노동자마다 일할 곳을 정해 줘요. 노동자가 자유롭게 일터를 선택하는 게 아닌 거죠. 국가는 자국민들의 일자리를 우선적으로 신경 써야 하기 때문에 이런 규정을 만들 순 있어요. 문제는, 노동자에게 부당한 대우가 발생했을 때예요.

사람은 일을 하고 살아야 하는데, 그 일터가 노동자를 차별하고 혐오하면 당연히 다른 일터에서 일을 하고 싶겠죠? 대한민국 사람 누구나 그런 선택을 할 자유가 있어요. 하지만 고용 허가제라는 제도에서는 직장 이동이 자유롭지 않아요. 횟수가 제한되어 있고 무엇보다 그 이동조차 고용주의 허락을 받아야 해요. 생각해 보세요. 노동자가 "여기 싫으니, 다른 곳으로 가게 해 주세요."라고 고용주 앞에서 말하는 게 쉬울까요?

인권이 침해당하는 부당한 일을 겪으면 고용주의 허락 없이도 직장을 옮길 수 있지만, 이 역시 정부의 심사를 통과해야 해요. 그런데 이 허락을 받는 기준이 무척 까다로워요. 일을 하면서 누구에게 맞을 수 있다는 생각이 드는 것만으로도 무척 괴롭겠죠? 하지만 진짜로 맞지 않았으니 부당하지 않다고 정부가 판단하면 그 노동자는 일터를 떠날 수 없어요.

또 동료가 다치거나 사망하는 걸 목격한 노동자가 자신도 그렇게 될까 봐 불안해서 일터를 옮기고 싶어도, 본인에게 발생한 사고가 아니니 문제 될 것이 없다고 하면 어쩔 수 없이 계속 일해야 해요. 게다가 이런 걸 스스로 증명해야 해요. 일을 하는 내내, 만약을 대비해 증거를 수집해야 한다는 건데, 어떤 노동자도 이렇게 일하지 않아요.

성실한 이주 노동자에게는 재입국을 허가하는 제도도 이주 노동자를 괴롭혀요. 이주 노동자는 처음에 비자를 받고 4년 10개월간 한국에서 일할 수 있어요. 그리고 일터를 옮기지 않고 일한 후에 본인의 나라로 귀국하면 3개월 후부터 다시 한국에서 4년 10개월간 일할 수 있어요. 그러니 오랫동안 일을 하기 위해서는 웬만큼 부당한 건 별수 없이 다 참고 살아야 되는 상황이 발생하는 거죠. 어쩔 수 없는 것일까요? 회사를 한곳에서 계속 다녔다는 건 성실하다는 뜻일 수 있어요. 하지만 회사의 부당한 대우에도 참고 다녔다는 게 성실한 것이 되어서는 안 되겠죠?

그들은 왜 미등록 노동자가 되었을까?

인간답지 못한 대우를 받으면서도 아무런 해결이 되지 않으니, 많은 이주 노동자들이 몰래 일터를 떠나요. '불법 노동자'가 되어 일을 하는 것이지요. 이 불법이 왜 발생하게 되었는지를 알면 쉽게 불법 노동자라고 말할 수 없어요. 그래서 '미등록 노동자'나 '비정규 노동자'라고 표기하는 언론도 많아요.

미등록 노동자는 더 낮은 급여를 받으면서도 일을 해요. 공식적으로 문제 제기를 할 수 없기 때문이에요. 돈을 벌러 한국에 왔으니, 어쩔 수 없이 위험한 일도 마다하지 않고 하게 되죠. 이때 사고가 나면 제대로 된 보호를 받지 못해요. 다 본인 책임이 되는 거죠. 이처럼 매일이 위태로운 미등록 노동자가 한국에 40만 명이 넘어요. 어떤 사람들은 이들이 불법 노동자라면서 비난해요. 빨리 체포해서 추방하라면서요. 하지만 대부분의 미등록 노동자는 처음부터 미등록 노동자가 아니었어요. 한국 사회의 차별과 혐오를 피해 미등록 노동자가 된 경우가 많아요.

이주 노동자의 차별 문제로 토론을 하다 보면 나쁜 이주 노동자도 있다면서 반론을 제시하는 사람을 꼭 만나요. 유튜브에는 일터에서 억지를 부리는 이주 노동자의 모습을 담은 영상이 많고 댓글에는 차별할 수밖에 없다는 식의 내용이 등장하죠. 그럼 이 문제는 어떻게 해야 할까요?

어떤 이주 노동자가 불성실하다면 그건 말 그대로 불성실한 거예요. 나쁜 짓을 했다면, 그 역시 나쁜 거죠. 이런 사람은 한국에 있는 어떤 회사에나 존재해요. 이때 '그래서 한국인 노동자는 문제가 많아.'라고 하지 않아요. 나아가 그런 나쁜 노동자의 사례를 부당한 대우를 받는 노동자 이야기를 할 때 언급하지 않아요. 왜냐하면 두 가지는 전혀 다른 문제이기 때문이에요. 어떤 이주 노동자가 사람답지 못한 대우를 받는 게, 어떤 이주 노동자의 불성실한 모습이 존재한다고 해서 어쩔 수 없는 게 되어선 안 되겠죠?

한국 사회는 여전히 이주 노동자를 공동체의 구성원으로 인정하지 않는 경우가 많아요. 지난 코로나19 바이러스 사태 초기에 마스크가 없어서 난리가 난 적이 있었죠. 마스크를 사려고 몇 시간 줄을 서기도 했어요. 그래서 정부는 생년월일에 따라 지정된 일자에서 1인당 2매의 마스크를 구입할 수 있게 했어요. 이때 이주 노동자는 한 달이 지나서야 마스크를 받을 수 있었어요. 재난 지원금도 받지 못했어요. 이주 노동자는 늘 우선순위에서 뒤로 밀려 있어요. 이주 노동자는 코로나에 안 걸리는 것일까요? 이주 노동자는 밀접 접촉자가 되어도 자가 격리가 필요 없을까요?

심지어 보상마저 차별하려고 해요. 한국 사회의 저출산 문제가 심각해지자, 외국인 가사 도우미가 필요하다는 주장을 하는 정치인이 있어요. 외국인이면 최저 임금을 적용하지 않아도 된다면서요. 이처럼 이주 노동자에게는 최저 임금보다 더 낮게 돈을 줘야 한다는 논의는 종종 있어요. 이주 노동자는 편의점에 가서 더 싸게 물건을 살 수 있나요? 기차를 탈 때 더 할인을 받나요? 약값은 다르나요? 아니잖아요. 최저 임금은 그 사회에서 살아가기 위한 최소한의 비용을 뜻하는 것이에요. 그래서 그 노동을 하는 사람이 누구냐, 하는 일이 무엇이냐에 따라 다르게 적용될 수 없어요.

자국민과 외국인 노동자의 임금을 동등하게 지불해야 한다는 건 'ILO'라고 하는 국제 노동 기구의 조항에도 명시되어 있어요. 한국은 1991년에 이 기구에 가입했어요. 전 세계 180여 개 나라들 중 하나죠. 그러니 이주 노동자에게 돈을 적게 줘도 된다는 발상은 세계적인 기준에도 맞지 않는 것이에요. 한국 사회는 겉으로는 대한민국에서 일하는 노동자는 부당한 대우를 받지 않는다고 자랑하면서 실제 그러한지 많은 반성이 필요해요.

다정한 시민이 되는 법

한국의 문화를 강요하지 마세요

김치 좋아하시나요? 청국장 잘 드시나요? 싫어하는 사람도 많을 거예요. 누가 "한국인이 이런 것도 못 먹냐?"라면서 먹어 보라고 하면 기분이 나쁠 거예요. 그런데 외국인에게 한국 음식을 무작정 권하는 사람이 많아요. 거절하면 "한국에 왔으면 한국 음식을 잘 먹어야지!"라면서 다그치기도 하죠. 한국 음식 안 먹는다고 한국 문화를 존중하지 않는 게 아니에요. 억지로 강요하는 게 다른 나라의 문화를 존중하지 않는 거예요. 그리고 끼니마다 밥상에 오르는 음식은 모든 나라에 있어요. 그걸 몰라도 서로를 존중할 수 있어요. 있는 그대로를요.

6

목숨 걸고 국경을 넘은 탈북민들

살아서도, 죽어서도 외로운 사람들

일반적으로 사람은 죽기 전에 어느 정도의 징조가 있어요. 병이 생기고 치료를 받다가 더 이상 치료하기 힘든 상황이 발생하죠. 사람마다 다르지만 이 기간은 짧지 않아요. 몇 달 혹은 몇 년이 걸리기도 해요. 그렇기에 가족들은 장례식장을 미리 정해 놓기도 하면서 어느 정도 마음의 준비를 해요. 의사가 사망 선고를 내리면 바로 주변에 소식을 전하죠. 가족이나 친척, 혹은 친구가 해요. 이를 들은 사람들은 장례식장에 가서 조문을 하고 유족들을 위로해요. 죽은 사람과 평소에 그렇게 가까웠던 사이가 아니더라도 장례식장만큼은 가는 이들도 많아요. 인연이란 그런 것이기 때문이죠.

모든 사람의 죽음이 주변에 알려지는 건 아니에요. 누구는 아프다가 아무도 모르게 죽어요. 이를 고독사라고 해요. 현대 사회에서 고독사는 대단히 심각한 사회 문제예요. 태어날 때부터 인간관계를 싫어하는 사람은 없어요. 살면서 이런저런 사람들과 교류하며 살아가는 게 당연하죠. 하지만 어떤 일로 인해 상처를 심하게 받으면 공동체에서 멀어져 고립되어 살아가기도 해요. 그래서 한때 성공했던 사람이 어느 날 고독사하기도 하죠. 인생의 실패가

너무 컸기에 누군가를 만나는 걸 두려워했기 때문이에요.

주변의 고정 관념 때문에 평소에 인간관계를 넓게 맺지 못하는 사람들도 고독사의 위험에 처해요. 살아생전에 가족과 가깝게 지내지 못했거나 친구가 거의 없었다는 뜻이죠. 이게 왜 현대 사회의 문제냐면 이 죽음의 원인에는 사람을 따뜻하게 대하지 않는 날카로운 편견이 있기 때문이에요. 저 사람 가난해, 저 사람 못생겼어, 저 사람 뚱뚱해, 저 사람 말투가 웃겨, 저 사람 성격이 이상해 등등의 말들이 많은 곳이라면 자신의 마음을 여는 사람들도 줄어들 수밖에 없어요. 집 밖에서 차별과 혐오를 경험할수록 더더욱 집 밖으로 나가지 않게 되는 거죠.

또 어떤 말이 사람에게 상처를 줄까요? 북한에서 대한민국으로 와서 대한민국 국민이 된 사람들, 즉 북한 이탈 주민(줄여서 탈북민)이 평소에 자주 듣는 말이 있어요. 바로 "저 사람 북한 사람이잖아."예요. 이 말은 단순히 '과거에 북한에서 살았던 사람'이란 뜻이 아니에요. 현재 국적은 한국인이지만, '우리와 똑같은 한국 사람이 아니다.'라는 내용이 들어가 있어요.

이 탈북민들의 고독사가 최근 증가하고 있어요. 죽은 지 수개월이 지나서 백골 상태로 발견되는 경우도 있을 정도죠. 한 언론사

에서는 탈북민의 고독사를 보도하면서 기사 제목을 "죽어서도 외로웠다"고 했을 정도예요. 외롭게 살다 보니, 죽어도 주변에서 몰랐던 것이죠. 가족이 북한에 있는 경우가 많아서일 수도 있지만, 한국에 살면서 여러 사람들과 교류하는 것이 힘들지 않았다면 쓸쓸하게 죽지 않았을 거예요.

여러 이유가 있었겠죠? 완전히 다른 문화에서 살면서 적응하기 어려웠을 거예요. 그저 음식과 말투의 문제가 아니에요. 그들은 타임머신을 타고 완전히 다른 세상으로 온 것과 같아요. 북한과 한국의 경제 체제는 너무 달라요. 그래서 불안해요. 평생을 사회주의 속에서 살았던 사람에게 자본주의 세상은 낯설 수밖에 없어요. 돈을 벌어 저축하고 투자하는 모든 과정이 생소하죠. 그래서 탈북민들은 일반적인 한국인 평균에 비해 고용률은 낮고 실업률은 높아요. 빈곤층으로 살 확률도 높죠. 한 조사에 따르면 '자살 충동을 느낀 적이 있다.'는 탈북민의 응답은 일반 시민 대상 조사의 응답률보다 2배 이상 높기도 했어요.

이런 이유로만 고독사가 증가하고 있는 건 아니에요. 탈북민이 아니더라도 경제적으로 힘들어하는 사람은 한국에 많죠. 이때 주변에 손을 내밀 수만 있다면 어떻게든 살아가겠죠? 하지만 손을 내밀어도 아무도 손을 잡아 주지 않는다면요? 속내를 털어놓아도 들어줄 주변 사람이 없다는 걸 알게 되면, 본인 스스로 '나는 도움받을 사람이 없다.'고 생각하면서 도움받는 걸 포기해요. 그리고 세상에 없는 사람처럼 하루하루를 살아갈 뿐이죠. 고독사는 그렇게 발생해요. 한국 사회에 탈북민들이 적응하기 어렵다는 사실에, 힘들어하는 탈북민들을 대하는 한국인들의 차가운 시선이 결합해서요.

우리는 국가에 복종하고 순종하며 사나?

　북한 이탈 주민은 6.25 전쟁이 휴전한 1953년 7월 이후 북한을 벗어나 한국으로 온 사람들을 가리켜요. 삼엄한 감시망을 피해 몰래 탈출한 사람들이지요. 북한을 떠난 이들이 모두 한국으로 오는 건 아니에요. 중국이나 일본, 그리고 다른 나라에서 살기도 하죠. 예전에는 탈북민보다 '귀순 용사', '귀순자'라는 말을 사용했어요. '용사'는 용감한 군인을 뜻하는데 한국으로 오는 북한 사람들 중 군인이 많아서 이런 단어를 사용했어요. '귀순'은 적이었던 사람이 반항심을 버리고 스스로 돌아서서 복종하거나 순종한다는 뜻이에요.

'귀순'이란 단어에 탈북민들은 많이 당황스러워했어요. 이 표현이 본인의 선택을 일방적으로 설명하기 때문이에요. 대부분의 북한 사람들은 대한민국을 '적'으로 생각하지 않아요. "남조선을 불바다로 만들겠다!"면서 으르렁거리며 당장 내일이라도 전쟁을 할 것처럼 말하는 이들은 북한의 정치인과 군인들이지 평범한 주민들이 아니에요. 한국이란 나라에 대해 반항심을 딱히 가지지도 않아요. 그저 많이 낯설 뿐이죠.

귀순이란 말을 어색해하는 가장 큰 이유는 복종과 순종이라는 의미 때문이에요. 탈북민들은 북한 사회가 부당하다고 여겼기에 자신의 나라를 떠난 거예요. 특히 북한에서 계속 살다가는 삶이 위태로워질 수 있다는 두려움이 그 결정에 큰 영향을 끼쳐요. 목숨이 위험해, 목숨 걸고 탈출을 하는 거죠. 무슨 말이냐면, 탈북민들은 일단 그곳을 벗어나기가 급해서 선택을 했어요. 사회주의와 자본주의를 비교하고 '대한민국은 위대해!'라면서 다짐한 게 아니라는 거죠. 그래서 복종하고 순종한다는 표현은 개인의 양심을 굉장히 제한적으로 평가하는 거예요.

국민이 국가에 복종하고 순종해야 하는 건, 바로 북한 사회가 강요하는 거예요. 그걸 거절하면 감옥에 가는 게 북한 현실이에요. 여러분은 나라에 복종하고 순종하면서 살고 있나요? 어색하잖아요. 대한민국이라는 나라를 존중하는 것과 복종하는 건 전혀 다른 말이에요.

국가가 잘못할 때 국민은 화도 낼 줄 알아야 해요. 정부 비판을 하면 큰일이 나기에 자신의 나라에서 탈출한 사람에게, "여기서는 마음껏 비판하셔도 됩니다."라고 말할 수 있는 게 민주주의 아닐까요? 같은 한국 사람인데 어디서 태어났느냐에 따라 누구는 비판을 할 수 있고 누구는 할 수 없다면, 이게 차별이에요.

'새터민'이라는 표현에도 편견이 들어 있어요. 새터민은 '새로운 터전에서 삶을 시작하는 사람'이란 뜻이에요. 2000년대 중반부터 정부에서 이 호칭을 사용하자는 캠페인을 했고 한동안 그렇게 불렀어요. 새터민이란 말은 단순히 듣기만 하면 따뜻한 느낌이지만, 탈북민들은 당혹스러워했어요. 원래 살던 나라를 떠나 한국에서 새롭게 시작하는 사람은 탈북민 말고도 많아요. 이를 배려한 거라고 이해하는 사람도 있겠지만, 북한 출신 사람들만 콕 집어서 언급한다는 건 당사자들에게 많은 부담이 되어요. 만약 학교에서 가

난한 가정의 아이들만 따로 모아서 '포기하지 않는 사람들'이라고 부른다고 생각해 보세요. 그게 배려일까요?

편견은 차별로 이어져요

한국으로 온 북한 이탈 주민은 지금까지 3만 명이 넘어요. 1999년에는 100명 넘게, 2002년에는 1,000명 넘게 왔어요. 2008년과 2009년에는 3,000명 가까이 되는 인원이 왔지요. 대한민국 전체 인구와 비교하면 북한 이탈 주민 3만 명은 큰 숫자가 아닐 수도 있어요. 하지만 전 세계가 이 3만 명을 주목해요.

한국은 북한보다 수십 배는 더 잘살고, 북한보다 수백 배는 민주주의가 발달한 국가죠. 한국은 선진국이고 북한은 그렇지 않죠. 전 세계가 북한의 낙후된 경제와 독재 사회를 비판하죠. 그런 곳에서 한국으로 온 사람들이 잘살길 바라는 건 당연하겠죠? 세상은 한국 사회가 이들을 두 팔 벌려 환영하고 탈북민들의 인생이 북한에서와는 비교할 수 없을 정도로 달라지길 바라고 있어요.

하지만 이에 대해서 "걱정 마세요!"라고 말하기에는 많이 부족한 게 사실이에요. 어떤 사람들은 탈북민들의 태도가 좋지 않다고 해요. 일하면서 만났거나, 이웃으로 접했던 경험을 언급하며 탈북민들에게 다가가려고 해도 오히려 본인들이 마음의 문을 열지 않는다고 해요. 사람에 대한 의심도 많고 표정도 좋지 않다고 덧붙여요. 사실이라면, 왜 그럴까요? 혹시 마음을 열고 쉽게 사람들에게 다가가기가 어려운 사정이 있는 것은 아닐까요?

탈북민들은 대단히 지쳐 있어요. 우선 북한에서 한국으로 오는 여정이 쉽지 않아요. 목숨을 걸고 탈출했다는 건 과장이 아니에요. 감시를 뚫고 중국으로 건너가야 하고, 중국에서도 탈북민들을 잡으려는 북한 경찰의 눈을 피해야만 해요. 이때 다시 북한으로 끌려가면 아주 가혹한 고문을 당하기도 해요. 처형당하는 경우도 많아요. 그래서 매일을 숨어 있어야 하고 은밀하게 움직여야 해요. 북한을 떠나 다른 나라로 가기까지는 많은 시간이 필요해요. 불안한 날들을 수없이 보내야만 가능한 일이지요.

우여곡절 끝에 한국으로 입국해도 수개월간 조사를 받아야 해요. 한국 정부는 거짓말 탐지기까지 동원해 탈북민이 혹시 간첩이 아닌지를 의심하죠. 까다로운 심사를 통과해야만 탈북민으로 인정받을 수 있으니 매일을 긴장하며 버텨야 해요.

이후에도 '하나원'이란 곳에서 한국 사회에 적응하는 교육을 3개월간 받아요. 북한을 떠나기로 결심하고 온전한 자유를 누리는 데 수년이 걸린다는 거죠. 매우 답답하겠죠? 그 과정에서 성격이 예민해지는 건 어찌 보면 당연한 일이겠죠.

사람에게 상처받는 경우도 많아요. 한국 사회를 잘 모르는 탈북민들에게 접근해, 어디에 투자하면 돈을 벌 수 있다면서 사기를 치는 나쁜 사람들이 많기 때문이에요. 그래서 적응 교육을 받는 기간 동안 "사람 믿지 말라."라는 말을 정말 많이 듣죠. 이를 이해하지 않고 단지 표정이 밝지 않다면서 수군거리는 건 탈북민이 얼마나 어렵게 한국에 왔는지를 몰라도 너무 모르는 것에 불과해요. 그리고 표정이 밝지 않은 게 사람을 평가하는 이유가 될 수 없어요. 학교 친구 누군가를 욕하는 사람이 "쟤, 표정이 별로라서요."라고 말한다고 생각해 보세요. 황당하죠?

많은 편견 앞에서 탈북민들은 위축된 채 살아가요. 탈북민들 스스로가 한국 사회의 아쉬운 점을 망설임 없이 말해야 하지만, 그러기 위해서는 큰 용기가 필요해요. 본인이 생각하는 한국 사회의 나쁜 점을 누구나 말할 수 있는 게 민주주의 사회지만, 북한에 살다가 온 사람에게는 솔직할 자유가 없어요.

이런저런 점이 문제가 많다고 한들, 주변에서는 "한국이 싫으면, 다시 북한에 가서 살면 되겠네!"라고 말해요. "북한에서 온 주제에 바라는 것도 많다."라고도 해요. 그래서 탈북민들은 침묵해요. 사생활도 보호받지 못하고 심지어 공개 처형을 목격까지 했던 북한에서의 삶보다는 한국에서의 생활이 괜찮은 건 분명하니, 차별을 겪어도 차별이 아니라고 대수롭지 않게 여기는 게 차라리 속이 편하기 때문이에요.

탈북민 중에는 어떻게든 억양을 고치기 위해 노력하는 사람도 많아요. 단지 고치고 싶어서는 아닐 거예요. 북한에서 왔다고 해 봤자 도움 될 것이 하나도 없다는 것을 경험했기 때문일 거예요. 그래서 어디 출신이냐고 물을 때, 조선족이라고 답하는 사람도 있죠. 최근에는 다시 북한으로 가 버리는 경우도 발생하고 있어요. 목숨을 걸고 탈출한 곳으로 다시 돌아가는 거죠. 여러 이유가 있겠지만, 탈북민을 한국인과는 다른 사람으로 대하는 누군가의 고정 관념도 분명 하나의 원인일 거예요.

다정한 시민이 되는 법

그냥,
일상 이야기를 하세요

탈북민들은 일상에서 '북한에도'라거나 '북한에는'라는 말이 들어간 질문을 자주 받아요. "북한에도 이게 있나요?", "북한에 살면서 이런 곳에 간 적 있나요?", "북한 사람들은 먹어 본 적 없죠?" 등등이죠. 항상 같은 질문만 듣는 사람은 '내게 궁금한 게 그것뿐인가?' 하는 생각에 소외감을 느낄 거예요. 탈북민도 회사 다니고, 배달 음식 먹으면서 드라마 보면서 살아요. 학생이라면 학원도 가고 편의점에서 삼각김밥도 사 먹고 그래요. 멍때리며 유튜브도 보죠. 그러니 친해지고 싶다면 그 사람의 일상을 궁금해하세요. 누구나와 하는 대화를 누구와는 하지 않는다면, 서로는 결코 가까워질 수 없어요.

저, 질문 있어요!

인종이 존재하지 않는다고요?

인종이란 단어는 전 세계에서 사용해요. 일상생활 속에서도 자주 등장하죠. 그래서 "인종은 존재하지 않는다."라는 말에 놀라는 것도 당연해요. 하지만 인종은 사회와 문화 속에서 사용되는 분류일 뿐이지, 과학적으로 명확하게 설명되지 않아요.

인간의 유전자는 99.9%가 동일해요. 쉽게 말해, 인간은 모두가 '호모 사피엔스'라는 단일 종이에요. 그저 피부 색깔의 옅고 짙음이 차이가 나고, 얼굴 생김새가 조금 다를 뿐이죠. 그게 다죠. 그러니 인종은 사람들이 지어내서 자연스럽게 사용되었을 뿐이지, 과학적 용어가 아니에요. 1950년, 유네스코는 여러 학자들의 의견을 취합해 인종은 없다는 입장을 밝혔어요.

일부 과학자들은 인종이 구분될 수 있다고도 해요. 운동 신경이나 가창력 등 특정한 분야에 특출한 능력을 보이는 인종이 있다는 거죠. 아마 여러분도 이런 생각을 할 거예요. 하지만 그런 연구들은 많은 비판을 받아요. 어떤 작은 차이가 유전자에서 발견된다 하더라도 그게 이 인종과 저 인종의 차이를 전부 설명할 수 없기 때문이에요. 왜냐하면 실제 사람의 차이는 피부 색깔에 따라서가 아니라 살아온 환경의 영향을 더 받기 때문이에요. 어떤 책을 읽고, 어떤 교육을 받고, 어떤 대화를 하면서 성장했는지가 더 중요하다는 것이지요.

　무엇보다 중요한 것은 인종 간 차이는 있다는 식의 주장이 전혀 사회에 도움이 되지 않는다는 사실이에요. 인종 간의 다른 점에 주목하는 것은 절대로 그것만으로 그치지 않아요. 역시나 저 인종은 좀 그렇다면서 기존에 지니고 있었던 편견을 더 강화시켜요. 실제 그 이유로 인종이란 단어가 만들어졌고 널리 퍼졌어요. 피부 색깔에 따라 사람들이 어떻게 다른지를 순수하게 알려고 한 게 아니라 백인은 유색 인종보다 뛰어날 수밖에 없다는 고정 관념을 확인하려는 의도적인 연구였던 것이지요. 그래서 인종을 '만들어진 단어'라고 하는 거예요. 사람의 겉모습을 보고 이미 차별하고 혐오하는 문화가 먼저 있었고 인종은 그걸 정당화하는 용도로 사용되었던 것이지요.

　인종 간 차이는 있다고 믿었던 사람들이 저지른 일은 끔찍해요. 독일의 히틀러는 수백만 명을 단 몇 년 사이에 죽였어요. 특히 유대인이 많이 희생되었어요. 나치 독일이 폴란드에 만든 아우슈비츠 수용소에서는 매일 3천 명 이상의 유대인이 독가스로 죽임을 당했어요. 이를 '홀로코스트'라고 해요. 원시 시대 이야기가 아니에요. 100년도 지나지 않았어요. 미국에서는 사람을 달에 보내기 위해 노력하던 과학자들조차 흑인이 사용하던 물건을 불결하다면서 만지는 걸 꺼려 했어요. 아무런 과학적인 근거가 없었지만요.

 이처럼 사회의 힘은 강해요. 인종이 구분된다 아니다가 중요한 게 아니에요. 인종이 구분된다고 믿었을 때 어떤 일들이 있었는지 우리는 항상 반성하고 경계해야 해요.

열심히 살면서
차별을
이겨 내야 하는 것
아닌가요?

여러분의 책장에 꽂혀 있는 위인전을 펼쳐 보세요. 어떤 주인공이 등장하나요? 차별을 받았지만, 결국에는 이 악물고 성공한 인물들이 정말 많죠? 유튜브에서 그런 사람의 인생이 소개되는 영상을 보는 건 어렵지 않아요. 인터넷에 '흑인 최초'라고 검색만 해 보아도, 차별을 이겨 낸 사람들의 감동적인 이야기를 쉽게 찾을 수 있어요. 차별받았던 흑인이 차별을 이겨 내고 성공한 모습은 정말 멋져요.

성공한 흑인만 우리에게 감동을 줄까요? 너무너무 친절한 중국 동포의 모습은 사랑스러워요. 한국어도 잘하고 김치도 잘 먹어 "한국 사람 다 되었네."라는 말을 듣는 다문화 가정의 아무개도요. 무슬림이지만 자신의 종교를 드러내지 않는 사람도 '한국을 존중하는 사람'이라며 칭찬받지요. 성실한 이주 노동자의 '코리안 드림'도 방송을 통해 곧잘 소개되어요. 타지에서 묵묵히 일하는 이주 노동자가 대견해 깜짝 선물을 준비했다는 사장님 인터뷰도 볼 수 있어요. 긍정적인 자세로 살아가는 탈북민 유튜버도 있죠. 한국이 너무너무 좋다고 말하는 탈북민에게 악플을 다는 사람은 없어요.

차별로 힘들어하는 사람들이 앞에 있으면, 차별을 이겨 낸 사람들의 이야기를 하고 싶죠? 그러면서 힘내라고, 할 수 있다고 격려하면서 말이죠. 그럴 수 있어요. 하지만 이게 전부가 되면 안 돼요. "너는 할 수 있어!"라고 말하는 것과 "차별은 별거 아니야."라면서 다가가는 건 많이 다르죠?

차별은 사람마다 같은 크기로 존재하지 않아요. 차별을 이겨 낸 사람보다 더 많은 노력을 해도 어떤 사람은 차별을 이겨 내지 못할 수도 있어요. 그래서 누군가가 차별을 극복한 사실이 힘들어하는 사람에게 "너만 힘들어?"라고 말하는 이유가 되어선 안 돼요. "극복할 수 있다!"라는 말만 하다 보면 "극복도 못 하냐?"면서 오히려 힘든 사람을 탓할 수가 있다는 것을 명심해야 해요.

2009년에 미국 대통령으로 취임한 버락 오바마는 미국 최초의 유색 인종 대통령이었어요. 그러면 이제 미국에는 차별이 사라진 것일까요? 절대 그렇지 않아요. 오히려 이렇게 생각해야 해요. 조지 워싱턴이 미국의 초대 대통령이 된 지 220년이 지나서야 백인이 아닌 사람이 대통령이 되었음을요. 노예 제도가 폐지되고 약 150년이 지나서야 흑인이 대통령이 되었음을요.

이는 세상이 과거보다 나아졌음을 뜻하는 것이지, 오랫동안 지속되었던 차별이 완전히 사라졌다는 게 아니에요. 세상은 좋아졌어요. 더 좋아져야겠죠? 그러기 위해서는 어떤 태도가 필요할까요? "요즘 세상에 차별이 어딨어?"라는 조롱일까요, 아니면 "아직도 이런 차별이 있다니, 우리 모두 힘을 합쳐 다시는 이런 일이 발생하지 않도록 하자!"라는 다짐일까요?

무슬림은 한국 사람들과 어울리기 힘든 게 사실 아닌가요?

한국 사회에서 "당신의 종교는 무엇입니까?"라는 물음에 등장하는 보기에는 '불교, 개신교, 천주교, 기타, 무교' 정도가 언급되었어요. 이슬람교는 지금도 '기타 종교'로 다뤄질 정도로 한국에선 낯설죠. 특별한 이유는 없어요. 어떤 종교가 더 좋아서 익숙한 것도 아니고, 더 나빠서 생소한 게 아니에요. 어떤 지역에 어떤 종교들이 있는 건, 역사의 한 과정일 뿐이에요.

한국에 불교 신자가 많은 건 오랫동안 불교 문화권에 있었기 때문이에요. 때론 국가의 종교였기도 하고 때론 외면받기도 하면서 지금에 이른 거죠. 주변에 교회나 성당이 많은 건 서양으로부터 개신교와 천주교가 유입되었기 때문이에요. 이때 많은 신자들이 박해를 당했는데 그것 또한 역사의 한 부분이에요. 서양의 선교사들이 일본에도 많이 갔지만 일본에 개신교나 천주교 신자는 드물어요. 일본 고유의 문화가 한국과는 달랐기 때문이에요. 이런 이유로 나라별 종교의 종류와 비율은 다른 거예요.

이슬람교가 한국에서 낯선 건 이슬람교가 한국에 들어오고, 소개될 역사가 많이 부족했기 때문이에요. 불교가 유럽에서는 익숙하지 않은 종교인 것과 마찬가지인 거지요. 불교가 문제가 있어서 유럽인들에게 생소한 게 아니라는 거예요.

하지만 한국에는 이슬람교를 낯설어하는 걸 넘어 싫어하는 사람이 있어요. 그때마다 한국과 맞지 않는 종교라는 식으로 말하죠. 이런 생각이 지나치면 이슬람교는 나쁜 종교가, 무슬림은 나쁜 사람이 되어 버려요. 그러면서 함께 살아갈 방법이 아닌 함께 살아갈 수 없는 이유를 찾으려고 해요. 이때 자주 등장하는 사례가 무슬림 난민들을 많이 수용한 유럽의 여러 나라에서 많은 범죄가 발생했다는 거예요.

모든 나라가 그런 건 아니지만 일부 나라에서는 난민을 수용한 후 여러 사회 문제가 발생했어요. 이 중에는 무슬림 난민의 범죄도 있었죠. 이를 보고 어떤 사람은 당장 난민들을 추방하라면서 이슬람교를 나쁜 종교라고 했죠. 하지만 학자들은 다르게 말해요. '무슬림'이 아니라 '난민'에 주목해야 한다고 강조해요. 즉, 그 사람의 종교가 이상해서가 아니라, 난민이 새로운 언어를 배울 기회도 부족하고 그래서 괜찮은 일자리를 구하지 못하는 게 더 큰 원인이라는 것이에요. '종교'가 아니라 '불평등'이 문제라는 것이죠.

2021년, 아프가니스탄 난민이 한국으로 오면서 이 중 수십 명의 아이들이 울산의 한 초등학교에 배정을 받았어요. 교육청에 아이들이 위험하다면서 항의가 엄청났죠. 이때 지금은 고인이 되신

노옥희 교육감은 아프가니스탄 어린이들과 함께 등교하면서 문제될 것이 없다는 입장을 밝혔어요. 한 명의 아이도 포기하지 않는 게 공교육이어야 한다는 점을 강조하면서요. 몇 달간 별도의 반에서 한국어를 집중적으로 배운 학생들은 이후 기존의 반으로 배정되어 아무런 문제 없이 학교를 다녔어요. "무슬림은 한국인과 어울릴 수 없다."는 말은 사실이 아니라는 것이지요.

그거, 역차별 아닌가요?

인터넷에는 "다문화 가정과 탈북민이 받는 혜택이 지나치다."는 글이 정말 많아요. 왜 다문화 가정이라는 이유 하나만으로 다른 것은 따지지 않고 무작정 배려하냐, 탈북민이면 탈북민이지 왜 국민 세금으로 이런저런 지원을 해 주냐는 내용들이죠.

　　예를 들어, 학교 수학여행 경비를 지원하는 데 왜 모든 다문화 가정이 대상이 되어야 하냐는 거죠. 부자 다문화 가정도 많다면서요. 그저 탈북민이라는 이유로 천만 원이 넘는 '주거 지원금'을 주는 건 옳지 않다, 그러면 땀 흘려 돈 버는 사람은 바보가 된다는 주장도 있어요.

　　이때 등장하는 말이 '역차별'이에요. 역차별은 차별받는 집단을 도와주는 정책 때문에 다른 집단이 차별받는다는 뜻이에요. 예를 들어 소득이 동일한 가정의 A와 B가 있는데, A가 다문화 가정이라고 내야 될 돈을 안 내도 된다면 이때 B가 차별받는다는 거지요. 얼핏 들어 보면 맞는 말처럼 느껴지지만 정말 신중하게 생각해야 해요.

　　누구는 지원을 받았고 누구는 지원을 받지 못한 게 문제라면, 복지 정책은 복지 혜택을 받지 않는 사람에 대한 역차별이겠죠? 요즈음 다자녀 지원이 많은 거 아시죠? 아이를 두 명 이상 출산한 가정에게 주차비 감면 등 이런저런 혜택을 주는 건데, 그럼 이것은 출산을 하지 않은 사람을 역차별하는 것일까요? 어딘가 이상하죠? 이런 것이 다 역차별이 되면, 국가는 할 수 있는 게 없어요. 탈북민을 채용하는 기업은 세금을 감면받는 법 조항이 있어요. 이것은 단지 탈북민을 채용하지 않았다는 이유로 세금을 다 내고 있는 다른 기업을 역차별한 것일까요?

장애인 전용 주차 칸은 비장애인에 대한 역차별일까요? 똑같이 도착했는데 누구는 쉽게 주차를 하고 누구는 그러지 않으니까 차별이라고 주장할 수도 있겠죠? 게다가 그 장애인이 엄청 부자라고 생각해 보죠. 누구는 주차하다가 시간 다 가는데, 누구는 비싼 차를 편안하게 주차하면서 이를 권리라고 한다면 솔직히 이상한 기분이 들 수도 있어요. 장애인을 위한 제도가 비장애인을 차별한다고 느껴질 수 있어요.

하지만 사회의 불평등을 줄이기 위한 정책이 이런 느낌만으로 사라져서는 안 돼요. 주차장에 장애인 전용 주차 칸이 따로 있는 건 단순히 '여기에 주차하세요.'라는 뜻만 있는 것이 아니에요. 장애가 있더라도 두려워하지 말고 우리 사회를 믿고 밖으로 당당히 나오라는 뜻을 지니고 있어요. 어떤 장애인이 부자냐 아니냐가 중요한 게 아니에요. 차별로 힘들어하는 장애인이 이런 조치들로 조금이라도 긍정적으로 살아갈 수 있다면 그걸로 효과는 충분한 것이죠. 마찬가지로 다문화 가정이나 탈북민들에 대한 이런저런 지원은 '한국 사회는 당신을 생각합니다!'라는 신호이기도 해요. '주변의 편견 때문에 힘들어도 기죽지 마세요!'라는 응원이기도 하죠. 부자가 혜택을 보는 사례에 신경 쓰지 마세요. 누군가가 이런 관심 덕택에 당당해질 수 있다는 것만 생각하세요.

모두가 평등한 세상은 어차피 불가능한 거 아닌가요?

차별은 무조건 나쁜 거죠? 혐오는 무조건 사라져야 하는 거죠? 그러니 누군가가 차별과 혐오로 힘들어한다면 이를 해결하기 위해 모두가 노력해야 하는 것은 두말하면 잔소리예요. 여기서 잔소리의 뜻은 새삼스럽다 정도겠죠? '그건 당연한 거잖아! 새삼스럽게 강조 안 해도 다 알아들어!'라는 의미일 거예요. 하지만 정말로 귀찮아하는 사람들도 있어요. 이렇게 말하면서요. "또 차별 어쩌고 소리야? 차별 없는 세상? 말만 좋지, 실제 그런 게 가능해? 그런 세상이 한 번이라도 있었냐고! 모두가 평등하다면, 그게 잘못된 거지."

우리는 차별과 혐오를 나쁘다고 배우면서도 한편으로는 대수롭지 않게 여기기도 해요. 차별과 혐오 없는 세상을 희망해야 한다는 데 동의하면서도 과연 가능할지 의문을 가지기도 하죠. 누군가가 차별 때문에 힘들어한다고 해도, "어쩌겠냐, 그게 현실인데."라면서 퉁명스럽게 답하는 사람이 꽤 많아요. 이런 생각은, '자본주의 사회는 별수 없다.'는 고정 관념이 강하기 때문에 발생해요. 여러분은 자본주의의 뜻을 정확히는 몰라도, "자본주의 사회가 그런 거 몰라?"라는 식의 말을 여러 번 들었을 거예요. 세상은 공평하지 않다는 설명과 함께요.

자본주의 사회는 '평등'이란 말을 어색하게 느끼게 해요. '성공하는 사람이 있으면 실패하는 사람도 있는 거다.'라는 인식이 강해지면, 불평등에도 둔감해져요. 심지어 불평등이 사라지면 노력하는 사람도 사라진다는 주장도 있죠.

그런데 그거 아세요? 모두가 평등한 사회를 희망한다는 건 모두가 똑같은 대우를 받으면서 살아간다는 뜻이 아니에요. 하는 일에 상관없이 같은 월급을 받는 게 평등이 아니에요. 평등은, 차별과 혐오를 받지 않을 권리가 누구에게나 똑같이 주어져 있다는 뜻이에요. 이 권리는 직업에 상관없이 주어진 것이에요. 공부를 잘하고 못하고도 상관없죠. 피부 색깔이 어떠하든, 출신지가 어디든, 종교가 무엇이든 간에요.

불평등을 줄여 나가는 방법에 대해서는 사람마다 의견이 다를 수 있어요. 차별과 혐오를 없애기 위해 어떤 걸 고민해야 하는지는 사람마다 생각이 다를 수 있어요. 하지만 불평등을 내버려 두는 건 절대 사회의 목표가 될 수 없어요. 혐오를 어쩔 수 없는 것으로 여기는 걸 시민의 자세라고 할 수 없어요.

차별 없는 세상은, 그저 사람들이 착하게 사는 것만으로 가능한 게 아니에요. 착한 태도가 나쁘다는 게 아니라, 사람은 착하지 않은 이웃을 만나도 인간으로서의 존엄성을 보장받아야 해요. 나의 권리가, 운이 좋아 마음이 따뜻한 친구를 만날 때만 보장된다면 이는 평등한 사회가 아니겠죠?

다정한 하루 2_차별

차별 없는 세상이 너무 멀어

초판 1쇄 발행 2024년 6월 10일 | **초판 3쇄 발행** 2025년 7월 30일
글 오찬호 | **그림** 김선배 | **편집** 이해선 | **디자인** 하늘·민 | **제작** 세걸음
펴낸곳 다정한시민 | **펴낸이** 이해선 | **출판신고** 2024년 3월 4일 제 2024-000039호
주소 경기도 고양시 일산동구 중앙로 1305-30 마이다스 오피스텔 605호 | **전화** 070-8711-1130
팩스 070-7614-3660 | **이메일** dasibooks@naver.com | **블로그** blog.naver.com/dasibooks

인쇄·제본 상지사 P&B

ⓒ 오찬호 2024
ISBN 979-11-987002-4-7 (74330) | 979-11-987002-0-9 (세트)

이 책은 저작권법에 따라 보호받는 저작물이므로 저작권자와 출판사의 허락 없이 이 책의 내용을 복제하거나 다른 용도로 쓸 수 없습니다.
책값은 뒤표지에 있습니다. 잘못된 책은 바꾸어 드립니다.
KC마크는 이 제품이 공통안전기준에 적합하였음을 의미합니다. | 사용 연령: 7세 이상 | 종이에 베이거나 긁히지 않도록 조심하세요.